JN124997

福祉社会デザイン論

日英の都市

山本 隆　山本惠子　八木橋慶一　正野良幸 共著

敬文堂

はじめに

　本書は、「福祉社会デザイン」の魅力を伝えるために書き下ろした書物である。市民が自分たちの暮らすまちをどのようにデザイン（設計）し、命を吹き込むのか？　福祉社会の基本は経済活動と暮らしである。福祉を軸としたまちづくりや地域経済（コミュニティビジネス）、観光、社会起業などの分野の具体的な事例に基づいて、わかりやすく解説することを目的とした。

1．福祉社会の視点

　福祉社会とはどのような構成で成立するのだろうか？　そこには、さまざまなファクターが作用する。その構成については、ビジネスの推進、行政による民間企業や市民生活のサポート、市民の生活権と快適権の保障、市民社会の自由闊達な活動といったファクターが想起される。

　福祉社会を支えるアクターは行政、企業、市民組織、市民自身であることから、本書では、都市を福祉社会の場として想定して、経済、行政、文化、商業、そして雇用・福祉の各機能をとりあげた。特に注目してほしいのは、福祉社会では、雇用と利潤を生み出す経済・資本と、再分配に基づく福祉という2つの魂がぶつかりあうことである。

2．都市からみた福祉社会の概略

　Ⅰの「福祉社会のフレームワーク」では、都市をフィーチャーしたことから、経済、行政、商業、文化芸術、交通アクセス、そして福祉・雇用を解説のテーマにしたことをことわっている。都市に議論を限定したということで、人文地理学を意識した形で、福祉社会を論じることを本書のフレームワークにすることを述べている。

　Ⅱのグローバル都市・東京では、政治・経済・福祉・文化・エンターテイメントをそれぞれ解説しているが、筆者による解説の筆致は明るくて楽しい。

そして補論として、稲城市の介護ポイント制や足立区の子どもの貧困対策を加えている。

Ⅲのグローバル都市・ロンドンも、人文地理学の視点から、同市の政治・経済・福祉・文化・エンターテイメントを述べ、雇用・福祉の観点から、社会的企業や就労支援プログラム、高齢者ケアを議論している。ロンドン訪問の臨場感を出せるように執筆した。

Ⅳのロンドンの社会的企業も興味深い章である。ピープルズ・スーパーマーケット、マナーハウス開発トラスト、プリンシーズ・トラスト、そしてフィフティーンといった有名な社会的企業をとりあげている。いずれも執筆者が頻繁に訪問し、記述には実感がこもっているはずである。

Ⅴの都市の盛衰と再生は、読者とともにノーザン鉄道でイギリス北西部の旅行に出るというギミックで、再生都市リバプールとマンチェスターをとりあげている。もちろん筆者も何度となく訪問している。旅行を想定して書き上げたために、旅行の雰囲気も込めてある。続いて、産業遺産・世界遺産のまちソルテアとニューラナークを追記した。歴史をしのぶのも、日本の将来を考えるうえで大切であると考えたからである。新産業革命の今、「栄枯盛衰」という言葉から、日本も逃れられない。日本が国際的な影響力を失いつつある今、将来の経済戦略と福祉政策の充実は大きなチャレンジである。

Ⅵのイギリスのプレストン市をとりあげて、市政改革の問題を提起した。プレストン市は緊縮財政下で市民生活が逼迫し、まちも打撃を受けていることから、その再活性化戦略を検討した。人口減で苦しむ日本の地方都市にとってヒントがあるかもしれない。

Ⅶのエンディングプランを開拓した横須賀市は、困窮者の終活の問題をとりあげている。絆が失われ、格差が広がる日本社会で、読者に考えてもらいたいテーマである。

Ⅷの日本の地方再生では、高崎市をとりあげている。まちおこしに成功した、元気の秘訣を明らかにしている。

Ⅸの社会起業のまちでは、横浜市のワーカーズコレクティブを紹介してい

る。ワーカーズコレクティブは通称「ワーコレ」と呼ばれているが、生活協同組合から派生した社会的企業である。これこそ福祉社会を支える市民組織の代表で、読者にも関心を持ってもらいたい。

Xの福祉社会と都市コモンズは興味尽きないテーマである。イギリスでは、パブがはやらなくなり、住民はそこに足を運ばない。そこで地域住民が閉鎖したパブを集いの場に変えて、子どもや高齢者を呼び込み、映画や演劇を楽しめるように工夫している。もちろん非営利をベースとしている。読者も思い切って渡英し、見学に行ってはいかがだろうか？　中段では日本の事例も紹介している。

以上、本書は読みやすさを前面に押し出し、福祉社会の事例を通して、自分たちの暮らすまちで、何ができるかを示唆している。魅力あるまちづくりに向けて、本書が読者に何らかのヒントを与えられたとしたら、この上ない幸せである。

2020年11月28日

執筆者を代表して
関西学院大学人間福祉学部社会起業学科教授

山本　　隆

目　次

I　イントロダクション
―福祉社会のフレームワーク―

《はじめに》　福祉社会の視点

　福祉社会を構成するさまざまなファクターをみていく。福祉社会の構成については、ビジネスの推進、行政による民間企業や市民生活のサポート、市民の生活権と快適権の保障、市民社会の自由な活動といった点からとらえていく。福祉社会を支えるアクターは行政、企業、市民組織、市民自身であることから、具体的な解説項目として、都市における経済、行政、文化、商業、そして雇用・福祉をとりあげる。福祉社会の底流では、雇用と利潤を生み出す経済・資本と、再分配に基づく福祉という2つの魂がぶつかりあう。

《キーワード》

　政治、経済、行政、文化、観光、雇用と福祉

....

1　福祉志向の社会を構築する―都市からみた福祉社会―

　まず、国家と市民社会（ボランタリーセクターとコミュニティセクター）の統治の関係をみておきたい。「ガバナンス（governance）」という言葉がよく使われる。その考え方は、統治における上位の主体が下位に影響を及ぼす「タテ（垂直）」の構造と、外の関連組織と連携する「ヨコ（水平）」の構造が縦横に交錯する。例えば大学のガバナンスも、学長をトップとする評議会、それと協働する理事会があり、周囲に民間のコンサルタントが補佐することがある。加えて、教職員の労働組合が存在する。このような利害関係を持つさまざまな組織や団体が大学運営を管理し、将来を決めていく。

　ガバナンスの概念では、統治において、漕ぐこと（rowing）と舵取り（steering）の二つが峻別される。この比喩はアメリカの元大統領のクリン

トン時代に使われ、実働部隊と意思決定者のそれぞれの役割を果たすという見立てである。このような二元的な形で、社会が持つ複雑性を管理する。

　福祉社会の一つの例として都市をとりあげるが、福祉はもちろんのこと、政治、経済、教育、住宅、文化、観光といった諸機能が作用する。経済活動は雇用をつくりだし、社会を活気づけることから、その成長が重視され、ビジネス推進プランが策定される。そのために行政は、企業や市民生活をサポートする。また生活者である市民には生活権があり、暮らしでの快適権、そしてアメニティやくつろぎが大切にされる。

　ただし、都市というコンテクストでみれば、そこには光と影が見え隠れする。ニューヨーク、ロンドン、東京といったグローバル都市をみてみると、人、モノ、カネ、情報が空前のスケールで交差し、それらが互いに連接することで、世界経済が動かされている。その都市の空間では、経済を統御するのに必要な諸資源が準備され、財やサービスが生産されて、巨額のマネーがうごめいていく。

　大都市では、このような経済環境から金融センターが発達し、企業経営の中枢機能や資本を運用する金融資本が集中する。ニューヨーク、ロンドン、東京などのグローバル都市をみていれば、大都市は巨大な富を生み出す場であり、高度な専門性を持った優秀な人材が集まり、最先端のアメニティや文化商品が生産・消費される空間となっている。

　一方、大都市では、貧困や格差も再生産される。都市経済の機能を底辺で支えるのは低賃金労働者である。非正規の労働者が集められ、そこに移民労働者も加わる。その結果、格差や貧困が顕在化していくのである。東京の山谷はその象徴的な地域だと言える。

　もう一つの重要なタームは「グローバル化」である。グローバル化という言葉が使われ始めたのは1980年代後半以降で、その時代にIT革命が起こり、インターネットやマルチメディアが普及し始めた。その背景には、ベルリンの壁崩壊後のアメリカの情報通信の軍事からの転用がある。ICTの技術革新は物理的距離をゼロに近づけ、最近ではリモートの仕事が普及している。大

学関係でも、リモートによるオンライン授業や会議が定着している。

　グローバル化がもたらすのは、距離の絶滅と集積の経済である。距離の絶滅を英語ではannihilation of distanceという。資本にとって「時は金なり」で、時間とマネーの節約は収益性の鍵となり、空間を駆け抜けるイノベーションが強く求められる。

　国際政治学者のサスキア・サッセンは、「グローバル都市」という概念を提唱している。その特徴は、①世界経済の組織における命令機能、②主要産業である金融と企業向けの特別なサービスに鍵となる場所と市場、③これらの産業の主要な生産の場と、産業の技術革新が行われる場である（サッセン　2004年）。

　グローバル都市は分散している諸資源を結びつけ、命令機能を持ち、金融サービスを高度に生産し提供する。市場では、生産—技術がシステム化され、利潤を求めて、人・モノ・カネ・情報が躍動する。そのような空間がグローバル都市なのである。

　このことを踏まえて、都市機能の評価してみると、その評価軸は、経済、研究開発（research and development）、文化交流、居住、環境、交通アクセスとなる。さらに、アクターは5つあり、経営者、研究者、アーティスト、観光客、生活者などとなる。次にみる「世界の都市総合力ランキング」でも、都市が備えるべき経済・研究開発・文化・交流・交通アクセスを評価している。

2　都市の評価—「世界の都市ランキング」から—

　「世界の都市総合力ランキング（Global Power City Index）」は、世界の主要都市が有する総合的な力をデータに基づいて順位づけをしている。[1]「総合力」の判定は経済、研究・開発、文化・交流、居住、環境、交通・アクセスの6分野で、これに基づいて総合点を導き出している。[2]評価にあたっては、先にみたように、3つのグローバルアクター（経営者・グローバルエキスパート・観光客）および1つのローカルアクタ　（居住者）を設定している。[3]

以下のデータは、「世界の都市総合力ランキング2019)」を要約したものである。

　2019年のランキングのトップ3は、ロンドン、ニューヨーク、東京である。ロンドンは8年連続で1位をキープしている。ニューヨークは「GDP」「証券取引所の株式時価総額」「スタートアップ環境」などで高い評価を得ており、経済と研究開発ではトップである。東京は3位を維持したままで、総合力が高いものの、圧倒的に強い分野はない。逆に極端に弱い分野もないことから、バランス型の都市である。以下は項目別のコメントである。

（1）研究・開発

　ニューヨーク、ロンドン、東京がトップ3を占める。ニューヨークは、「研究集積」の研究者数と「研究環境」の研究開発費で1位である。一方、ロンドンは「世界トップ大学」「留学生数」「スタートアップ環境」に強みを持っている。東京は「研究者数」「研究開発費」「学力の高さ」「特許登録数」の評価が高い。

（2）文化・交流

　ロンドンが16指標中12の指標でトップ5位以内に入っており、強さを発揮している。

（3）アート市場環境

　ニューヨーク、ロンドン、北京、パリ、ベルリンがトップ5で、これらの都市の持つアート産業の充実が、アーティスト、コレクター、鑑賞者を惹きつけている。

（4）居　住

　パリが1位である。パリはその他にも、「総労働時間の短さ」「小売店舗の多さ」「飲食店の多さ」といった指標でトップの評価を受けている。

（5）交通アクセスと商業

　1位はロンドンで、「国際線直行便就航都市数」が優れている。観光スポットや文化イベントの充実でも強さを見せている。3位の東京は、「買物の魅力」「食事の魅力」が最も評価が高く、4位のニューヨークは、「劇場・コ

ンサートホール数」「美術館・博物館数」といった『文化施設』が充実している。

（6）企業立地

　「国際線直行便就航都市数」でロンドンが1位で、2位のニューヨークは「ワークプレイス充実度」をはじめとする『ビジネス環境』で強みを持つ。5位の東京は、「市場の規模」や「経済集積」で高い評価だったが、「スタートアップ環境」「国際線直行便就航都市数」で強さはない。

（7）生活者の視点

　パリが最も高い評価を受けている。3位のロンドンと5位の東京は「公共交通機関利用率」が高いことから、居住者にとって公共交通機関の利便性が高い。ただし、ロンドンと東京は、「渋滞の少なさ」「タクシー運賃の安さ」では弱い。

　以上から、総合力の評価において、ロンドン・ニューヨーク・東京がトップ3であるものの、新型コロナの影響で、そのステータスの維持は不透明である。

（出典：森記念財団「世界の都市総合力ランキング2019　Global Power City Index 2019」2019年11月　http://mori-m-foundation.or.jp/ius/gpci/index.shtml　検索日2020年11月5日）

3　スマートシティの戦略

　近年、「スマートシティ」が注目されている。世界中の多くの都市がスマートシティの実現に向けて動き出している。スマートシティとは、国土交通省の定義によれば、「都市の抱える諸課題に対して、ICT等の新技術を活用しながら、マネジメント（計画、整備、管理・運営等）を行い、全体最適化が図られる持続可能な都市または地区」のことである。

　日本や欧米のような先進国では、基礎インフラは整っているものの老朽化が課題となっており、建物や設備の管理・更新を目的とした「再開発都市プロジェクト」が進められている。加えて、グリーン社会の構築、代替的なエ

ネルギーの開発、超高齢社会への対策、地方経済の再活性化などのチャレンジが押し寄せている。

「統合イノベーション戦略2019」（2019年6月21日　閣議決定）では、スマートシティを「Society5.0」を将来の姿として位置づけている。Society5.0とは、1.0（狩猟社会）、2.0（農耕社会）、3.0（工業社会）、4.0（情報社会）に続く新たな社会として、情報社会にAIやIoTが加わったより生活しやすい社会と定義されている。

今後の展望であるが、工業、情報社会を経て、スマート・デジタル社会「Society5.0」の到来が身近になっている今、その適切性を問う必要がある。どの人たちにも格差が存在しない、公正な社会の実現が望まれている。重要なのは、成長する都市の条件整備と、市民ファーストの生活保障の両立である。キーワードは、サステナブル都市である。（参考資料：「統合イノベーション戦略2019」2019年6月21日　閣議決定　https://www8.cao.go.jp/cstp/tougosenryaku/index.html　検索日2020年11月5日）

4　カルチャー・ツーリズム

地域再生を進めるにあたって需要になるのは、「文化」というファクターである。地域の自然風景や伝統などの魅力を感じる観光を「カルチャー・ツーリズム」という。美食グルメばかりではない。博物館、劇場、遺跡などの訪問を軸にした、文化観光はハイレベルの観光資源でもある。

日本でインバウンドの旅行客が増加してきたが、成功要因は日本のおもてなし文化である。政府は観光戦略を打ち出し、また地元の業者もその受け入れに努めてきた。訪日客の動向は変化しており、日本の化粧品や白物家電の購入から、地域の体験型アクティビティへと移り変わっている。そこに文化を加えることは重要で、成功例はロンドンである。

日本の地方サイドは芸術活動や食文化をうまくマーケティングし、観光客を呼び込むチャンスは大いにある。文化の振興が地域にもたらす効用は、地元住民が地域のアイデンティティの再認識することにもつながる。（参考資

料：国土交通省観光立国推進基本法　https://www.mlit.go.jp/kankocho/
kankorikkoku/index.html　2020年11月5日　国土交通省「グローバル観光戦
略」2002年　https://www.mlit.go.jp/kisha/kisha02/01/011224_3/011224_3.
pdf　検索日2020年11月5日）

5　日本における自治体SDGs

　SDGs（sustainable development goals）の広報は、テレビのCMや電車
の中吊り広告で目にする。SDGsは、「国連持続可能な開発サミット（2015
年9月開催）」で採択された「我々の世界を変革する：持続可能な開発のた
めの2030アジェンダ」をさす。17のゴールと169のターゲットが設定され
ており、230の指標が提示されている。SDGsは幅広い目標を掲げているが、
行政・民間・市民の間で共通認識を持つことが容易となり、連携が促進され
る。

　地方には少子高齢化や人口減少、経済規模の縮小など、深刻な課題があ
るが、自治体SDGsの目標は、持続的な成長力を確保し、安心して生活がで
きるまちづくりの構築である。地方創生を進めていくために、政府は長期
的に計画された持続可能な開発とまちづくりに対してより具体的に政策を
まとめなければならない。地方において、地方創生分野における「SDGsモ
デル」の構築が進められおり、2018年6月にSDGsの達成に向けた取組みを
提案した29都市を「SDGs未来都市」に選定している。特に優れている10事
業を「自治体SDGsモデル事業」として評価し、この事業の展開を促してい
る。この動きも福祉社会の新たな動きを示すものである。（参考資料：国連
持続可能な開発サミット　https://www.unic.or.jp/activities/economic_
social_development/sustainable_development/2030agenda/　検索日2020
年11月5日）

6　福祉社会とシティズンシップ

　福祉社会では、シティズンシップ（citizenship）は不可欠である。シテ

ィズンシップとは何か。イギリスの社会政策学者T.H.マーシャルによれば、あるコミュニティの完全な成員である人々に与えられた地位身分のことである。地位身分のあるすべての人々は付えられた権利と義務において平等であるという考え方である。

　これを福祉に当てはめれば、介護や育児の保障もシティズンシップの新たな対象である。かつて介護は家族やコミュニティの義務であるといわれた。しかし産業化・核家族化・高齢化の進展により、その限界が明らかになってきた。

　介護は家庭という私的領域ですべて負担できるわけではない。人の行為（human agency）や社会的ハンディキャップを視野に入れて、権利と参加型理念の総合化を目指す現代のシティズンシップにおいては、このような介護や育児の問題は生活課題の一つとなっている。障がい者、少数グループなどの排除された人々をソーシャル・インクルージョン（社会的包摂）の視点で支援する方向が今強く求められているのである。

　また、環境保護運動もシティズンシップと深くかかわっている。環境問題は市民が暮らすコミュニティの時空間的な境界を越えており、生態学の観点からも、積極的なシティズンシップは支持されている。健康によいオーガニックの食物、汚染されていない環境を保全する権利は大切である。安全な環境は個々の市民だけではなく、コミュニティと政府にも義務が伴うものなのである。

　さらに現代社会における貧困の広がりや社会的排除のなかで、伝統的なシティズンシップの概念は再構成を求められている。「主体性（agency）」という概念はシティズンシップを広く捉えるのに有効であり、福祉国家は社会立法や公共サービスの拡充といった「積極的な」権利を拡張することによって発展を遂げてきた。この主体性の行為の概念を通して、伝統的なシティズンシップの概念はアクティブ・シティズンシップ（active citizenship）へと再解釈されるに至っている。アクティブ・シティズンシップという考え方はフェミニズムや環境保護の観点から支持されている。

　同時に、急激な社会経済的な変化のなかで、社会的に弱い立場にある者に
エンパワメント（empowerment）を行うことが重要になっている。エンパ
ワメントとは、市民が自らの生活を統御しているという感覚を持ち、さまざ
まな機会から生じる利益を享受できることを指す。エンパワメントの行為は、
知識・技術・経験などを活かして個人の潜在能力を強化させ、人としてふさ
わしい生活の選択肢を広げていく。シティズンシップは豊かな福祉・教育行
政と人権尊重の中で、育まれるのである。福祉社会で重要なファクターであ
ることは間違いない。（参考文献：山本隆『ローカル・ガバナンス　福祉政
策と協治の戦略』（ミネルヴァ書房、2009年））

7　ソーシャルキャピタルと社会的企業

　コミュニティにおいて福祉を構築するには、活発な民間福祉・社会起業が
不可欠で、そのためにソーシャルキャピタルの醸成はなくてはならない。こ
れは重要な市民社会の課題である。

　ソーシャルキャピタルはアメリカの政治学者パットナムの研究が特に有
名である。彼は「結束型ソーシャルキャピタル（bonding social capital）」
と「橋渡し型ソーシャルキャピタル（bridging social capital）」の2種類
があると述べた。「結束型ソーシャルキャピタル」は内向きのネットワー
クで、排他的なアイデンティティと同質的なグループを強化する傾向があ
る。これに対し、「橋渡し型ソーシャルキャピタル」は開かれたネットワー
クで、外向きのオープン・タイプで、さまざまな社会組織の橋渡しをする
（Putnam, 2000：p.22）。

　なぜ「キャピタル（資本）」という言葉が使われるのか？　それは、集団
的な形をとって、政治・経済・社会などに良好な影響を与え、経済発展、福
祉、教育、健康、安全（犯罪防止）、地域発展などにおいて利得をもたらす
からである。

　ソーシャルキャピタルと社会的企業（social enterprise）の関係は興味深
い。近年、市民社会やその再生に取り組む社会的企業への関心が高まってお

り、ソーシャルキャピタルは起業の場面でボランティア、利用者を巻き込む
ことがある。その活動では、スタッフの才覚、住民参加、スキルや知識、コ
ミュニティの資源、協働、絆と信頼といったものが求められ、ソーシャルキ
ャピタルが社会的企業の成功の鍵を握るのである。

　ただし社会的企業の事業展開においては、経済的なリターンを支援者に確
約することはできない。また社会的イノベーションも、周囲からは理解され
にくく、市場からの資金を調達することは困難である。こうした理由から、
社会起業家は、起業資源を調達する際に、社会的なネットワークを活用して、
ソーシャルキャピタルであるボランティアに依存する場面が出てくる。この
点において、ヨーロッパの社会的企業は、多様な利害関係者（ステークホル
ダー）が関わる「マルチステークホルダー型ガバナンス」を重視する。地域
の多様な関係者が参画して、様々な意見を出しあい、民主的な運営を最重要
視するのである。

　社会的企業が提供するサービスは実にさまざまで、社会福祉や介護のサー
ビス、住宅、教育、保健医療サービス、雇用と職業訓練、遊び場を含めた環
(6)
境関連サービス、ごみ収集やリサイクル、コミュニティ交通、地域開発サー
ビス、福祉権活動やコミュニティ・エンパワメント、地域計画や地域再生な
どがある。

　イギリスの中間支援組織のソーシャル・エンタープライズUKは、逆に社
会的企業にはソーシャルキャピタルを生み出していく力があることを強調し
ている。社会的企業は、貧困地域で拠点を築くことで、援助の届きにくい社
会的弱者や社会的排除を受けている人たちに寄り添っている。イギリスは社
会的企業の本場であるが、社会問題への取組み事例として、Ⅳでマナーハウ
ス開発トラスト、プリンシーズ・トラスト、フィフティーン、ピープルズ・
スーパーマーケットを順にみていく。（参考資料：ロバート・D・パットナ
ム（柴内康文訳）『孤独なボウリング』（柏書房、2006年）、桜井政成「社会
的企業とソーシャル・キャピタル」山本隆編著『社会的企業論　もうひとつ
の経済』（法律文化社、2014年所収））

8　イギリスの社会的企業

　社会的企業とは何か。その定義について、ソーシャル・エンタープライズUKが、以下のようにまとめている。

　「社会的企業とは、社会的目的と環境上の目的、またはその双方を目的として事業を行う企業のことである。『社会的ミッション』を明確に意識している。(中略) 社会的企業は、財やサービスの販売を通じて収益の大半またはそのすべてを得るが、その利潤をどのように扱うかについて明確なルールを持っており、自分たちの『社会的ミッション』を推進するためにその利潤を再投資するのである」(Social Enterprise UK 2011：2)

　このように社会的企業には、生み出した利益を事業に「再投資する」という社会思想が底流にある。余談であるが、イギリスの俳優のマイケル・シーンがソーシャル・エンタープライズUKをサポートして、動画に出演している。彼は社会的企業とは何かについて、ユーモラスに解説している。必見である。[7]

　では、どのような組織が社会的企業に相当するのか。それを見極めるために、社会的企業の認証制度がある。それが「ソーシャル・エンタープライズ・マーク」である。

　「ソーシャル・エンタープライズ・マーク」の認証を受けるには、第1に、社会的な目的、環境保全の目的を果たす活動を行い、利益の50％をこれらの目的のために再投資することが求められる。第2に、利益の少なくとも50％は事業活動から得ることを条件にしている。このように社会起業の重要な要素である「社会性」が担保される仕組みになっている。ちなみに、神戸市には、「KOBEソーシャルビジネスマーク」という認証制度がある。これは日本でも、社会起業の育成を後押しする要因になり得る。[8]

　イギリスの社会的企業は多様な顔を持っている。それらは次の5つの法人形態をとる。①有限限責任会社：通常の企業だが活動次第で社会的企業として認められる。②コミュニティ利益会社：社会的企業用の法人格である。資

産や利益はコミュニティのために活用しなければならず、「アセット・ロック（資産の散逸防止）」という条項により資産の譲渡先に制限がある。③協同組合：活動次第で社会的企業として認められるものがある。④有限責任事業組合：通常の事業組合とは異なり、自身の負債に責任を持ち、出資者たちには責任がない。⑤公益法人組織：チャリティ団体が事業活動を行いやすくするために設けられた法人格である。実際、イギリスの社会的企業の数は10万社を超すと言われている。活動は主に貧困地域で、国・地方自治体ともに公共サービスの分野に社会的企業が進出することを期待している。（参考資料：ノーマン・ジョンソン「イギリスの社会的企業」山本隆 前掲書所収、94-95）

9　雇用と福祉

（1）雇用創出の役割を担う地域企業パートナーシップ

　まず、地域企業パートナーシップ（Local Enterprise Partnerships）の概要を知る必要がある。雇用の拡大を実現するために、地域企業パートナーシップという官民混合の組織体が生まれている。これは実業家によって統括された民間主体の経済組織であり、任意の団体である。メンバーの構成では自由裁量が認められており、少なくとも半分は民間出身者で、政府との契約や経済情報を共有する仕組みとなっている。全国で39が存在する。

　地域企業パートナーシップは成長地域ファンド（Growing Places Fund）という財源を持っている。同時に、EU構造投資ファンドからも助成金を受けている（ただしEU離脱により、この資金はなくなる予定）。主な投資先は、住宅供給、再生エネルギー計画、グリーン協定の推進事業、デジタルインフラの整備などである。（参考文献：山本隆『貧困ガバナンス論』（晃洋書房、2019年））

（2）ロンドン経済行動パートナーシップの概要

　ロンドンの事例を紹介すると、ロンドンでは名称が変わり、ロンドン経済行動パートナーシップ（London Economic Action Partnership, 以下

LEAP）という名前になっている。LEAPの目的は、ロンドンの経済成長を維持拡大し、雇用創出を戦略的に実行することである。そのため、ビジネス界と起業家をロンドン市長の下で集結させている。LEAP委員会は、ロンドン市議会から任命された有力者で構成されており、LEAP投資委員会および王立ドック企業ゾーン計画委員会といった2つの下部組織がある。

　LEAPに集まる財源には、3つの流れがある。第1は「地域経済団体（Local Economies）」からで、ロイヤルドックス・エンタープライズ・ゾーン、クラウドファンド・ロンドン、ロンドン地域再生ファンド、成長地域ファンドからの出資がある。第2は「技能と雇用（Skills and Employment）」で、ロンドン資本ファンド、デジタル人材プログラム、ロンドン企業アドバイザー・ネットワークから拠出される。第3は「中小企業団体（Small Business）」で、ロンドン成長ハブ、ロンドン共同出資ファンタジー、ロンドン・オープン・ワークスペースから資金が提供される。LEAPは国際金融都市の発展戦略に組み込まれ、資産ベースの経済政策を基軸にして、ある意味で新自由主義的経済戦略を体現している。この雇用と福祉の動きは、IIIで詳しくみることにする。

（参考資料：LEAP Annual Report 2018/19　https://lep.london/leap-annual-report-2018-19　検索日2020年2月6日）

《まとめ》
　福祉社会の特徴について、以下のようにまとめてみたい。
　第1に、福祉社会の基礎として、経済活動が中心になる。経済の成長を着実に図り、より多くの資源を調達していくことが政治では優先事項とされる。第2に、行政は成長型経済の環境整備を図る。そのために国と地方は交渉を重ねて、分権化を判断し、規制緩和などの権限移譲を進めていく。第3に、生活者の視点からは、福祉の思想が尊重され、国や地方自治体は個々の人々が持つ福祉の権利を保障しなければならない。権利は当事者が主張するものであるが、それが可能ではないマイノリティの人たちは多い。代わって、ア

ドボカシー（権利擁護）を実践する専門家が必要になる。その役割を担うのが社会的企業であり、市民による福祉活動である。第4に、都市やコミュニティにおける主役は当然市民である。これこそが福祉社会の理念である。

　そこで読者に問いたいことがある。グローバル資本主義はどこを目指しているのか？　世界は二極化（徹底して利潤追求をする人々と格差で取り残された人々）しているが、低所得階層への所得再分配は政策であまり認識されることはない。グローバル都市は、金融機関と金権支配層の権力を保護することを一義とすることから、グローバル化による格差縮小は望めないと考えてよいのか？　または、再分配による福祉政策は社会の持続可能性の鍵を握るという根拠から実行可能なのか？　これらの点をどのように考えるのか。

参考文献
英文
Institute of Public Policy Research, The condition of Britain, 2014
Newman J. Modernising Governance, Sage, 2001
和文（翻訳本を含む）
　ウィリアム・ロブソン（辻清明・星野信也訳）『福祉国家と福祉社会―幻想と現実』（東京大学出版会、1980年）
　梅川正美・阪野智一・力久昌幸編著『現代イギリス政治』（成文堂、2006年）
　サスキア・サッセン『グローバル空間の政治経済学―都市・移民・情報化』（岩波書店、2004年）
　――（伊豫谷登士翁監訳、大井由紀・高橋華生子訳）『グローバル・シティ―ニューヨーク・ロンドン・東京から世界を読む』（筑摩書房、2008年）
　――（伊豫谷登士翁監修・伊藤茂訳）『領土・権威・諸権利―グローバリゼーション・スタディーズの現在』（明石書店、2011年）
　デビッド・オズボーン＆テッド・ゲーブラー（野村隆監修・高地高司訳）『行政革命』（日本能率協会マネジメントセンター、1995年）
　デビッド・ハーヴェイ（森田成也・大屋定晴・中村好孝・新井大輔訳）『反乱する都市　資本のアーバナイゼーションと都市の再創造』（作品社、2013年）
　ピーター・ホール（佐々木雅幸監訳）『都市と文明（全3分冊）』（藤原書店、2019年）
　坪郷實編『参加ガバナンス』（日本評論社、2006年）

山本隆『ローカル・ガバナンス　福祉政策と協治の戦略』（ミネルヴァ書房、2009年）

山本隆編著『社会的企業論　もうひとつの経済』（法律文化社、2014年）

ロバート・D・パットナム（柴内康文訳）『孤独なボウリング』（柏書房、2006年）

マイク・サヴィジ（舩山むつみ訳）『7つの階級　英国階級調査報告』（東洋経済、2019年）

山口定・中島茂樹・松葉正文・小関素明編著『現代国家と市民社会―21世紀の公共性を求めて―』（ミネルヴァ書房、2005年）

注

（1）都市の選定基準は、①既存の有力な都市比較ランキングで上位20位に入っている都市、②有力な国際競争力ランキングにおいて競争力上位20位に入っている国の主要都市、③本ランキングを作成する実行委員会から対象都市として取り上げることが適切として判断された都市となっている。

（2）世界の都市総合力ランキングでは、ランキングの構成要素を分析することで、各都市がどのような強みや弱み、課題を抱えているかが明らかにされている。主要6分野において主要な要素を表す指標グループを26設定し、それらを構成する指標を70選定している。各指標をスコア化し平均したものを指標グループのスコアとし、さらにそれらを合算して分野別ランキングを作成し、総合ランキングはそれらを合計して2,600点満点で作成したものである。

（3）言及したアクターが重視する指標を、6分野70指標の中から分野横断的に抽出している。抽出された指標のスコアを平均して、順位付けを行っている。

（4）文化・交流と交通・アクセスもそれぞれ2位、3位と高い評価を得た。しかし文化・交流における「外国人居住者数」は過去3年間人数が減少傾向であることから、国内外の都市へ外国人が流出している。

（5）4位のパリもスコアを落としているが、東京と比べてスコアの下落幅が小さいため、東京とパリとの間のスコア差が再び縮まっている。

（6）「チャリティ及び社会的企業全国調査（The National Survey of Charities and Social Enterprises）によれば、21の区分があるという。

（7）マイケル・シーンは、『クィーン』『フロスト×ニクソン』のような硬派な作品から、『アンダーワールド』『トワイライト』シリーズ、『トロン：レガシー』などエンターテイメントまで幅広い役を演じている。

（8）「KOBEソーシャルビジネスマーク」については、神戸市ソーシャルビジネスのHPを参照してほしい。http://www.city.kobe.lg.jp/ward/activate/participate/socialbusiness/index.html#midashi86100　検索日2017年10月1日

（9）協同組合は、出資・経営・労働を組合員全員が担い合う組織である。働く者同士の協同、利用者・家族との協同、地域との協同を目指して、地域再生・まちづくりを実践している。

（10）イギリスにおけるチャリティ団体は、民間非営利組織のなかでも、特に博愛主義的な精神に基づいて古くから社会問題に取り組んできた。

（11）イギリス政府は緊縮予算の体制を続けており、財政補助金は大幅に削減されてきた。そのため、外部資金提供者を巻き込んだ成果払いである「ソーシャル・インパクト・ボンド（social impact bond）」の活用が進んだ。これは金融機関が発行する債権で、購入した機関投資家や個人投資家に対して、その事業の成果に応じた配当が行われる。その配当の原資には、事業の収益に加えて、その事業の社会問題の解決の貢献度合いに応じて支払われる、国や自治体の補助金も含まれる。日本の事例では、特別養子縁組の成立を目指す横須賀市パイロット事業、生活保護世帯のうち就労が可能と思われる若者（15〜39歳）を対象にした尼崎市パイロット事業、介護施設入所者を対象にした学習療法による認知症改善を目指した福岡市等7市パイロット事業が試行された。

II　グローバル都市・東京

《はじめに》

　東京は、政治経済の中枢であり、世界に名をはせるグローバル都市として
君臨している。江戸幕府以降に発展し続け、芸術や文化などの伝統も生き続
けている。都道府県で唯一、地方交付税の交付を受けていない不交付団体で
あり、財政力が強い都市である。また、歌舞伎や芸能、博物館や遊園地など、
文化エンタテイメントも充足している。外国人観光客も毎年数多く訪れ、イ
ンバウンドの影響が大きい。地域住民の生活では、少子高齢化に伴う福祉
サービスの充実を図り、障がい者や児童、貧困問題などへの取組みも活発で
ある。東京都は世界ランキングで第三位の位置づけとなっており、世界経済
へ影響を与える都市である。2021年度には東京オリンピックが開催予定であ
り、今後も注目される巨大都市である。

《キーワード》

　グローバル都市、政治経済の中枢、福祉、文化エンタテイメント

....

1　地　理

　東京都は、人口約1,397万人⁽¹⁾（2020年10月現在）を有する巨大都市（メガ
ロポリス）の一つである。日本の人口の約10分の1を占め、政治や経済を中
心に、文化、芸術、その他あらゆるものが集中している。また世界ランキン
グでは、1位ロンドン、2位ニューヨーク、3位東京となっており、世界三
大都市の一つでもある。東京都は23区に分かれており、区ごとに特徴がある。

　例えば、中央区は東京駅周辺の地区であり、日本橋や銀座、築地などがあ
る。日本橋は江戸時代に城下町として栄えたまちであり、江戸の下町として

発展してきた。銀行や百貨店などが多く集まり、物流や経済の中心としてその役割を果たしている。食文化では、寿司や鰻、日本料理などの老舗が今も多く残っており、歌舞伎や芸能も発展してきた。また、日本橋は五街道（東海道、中山道、日光街道、甲州街道、奥州街道）の起点となる場所である。東海道五十三次は、日本橋から京都三条大橋までにある53の宿場を指している。

2　経済―世界のビジネスセンター―

　東京は商業地域やオフィス街が立ち並び、数多くの会社や企業の本社が集まっている。東京都中央区日本橋兜町にある東京証券取引所は、日本最大の証券取引所である。国土交通省・国土政策局の資料によれば、上場企業している本社の所在地は、東京都が1,823社（2015年時点）と全国の半分強の割合を占めている。資本金が10億円以上ある企業数について1990年代以降の推移をみると、東京圏の割合が上昇傾向にあり、2016年では59.3％となっている。従業員数1,000人以上の事業所数をみても、東京都は52.1％と高い状況にある。また、全国のGDP（名目）に対する東京都の割合は全産業で19.6％であり、産業別にみると、「情報通信」、「金融・保険業」で特に高くなっている。さらに、外資系企業の75％が本社を東京都に置いている。東京都内に本社機能を置く理由は、「取引先が多いから」が最も多くなっている。住宅事情を見ても、家賃事情東京都の１㎡あたりの家賃は2,675円であり、全国平均の1,276円の約２倍となっている。それに伴って、東京都の年収は、他道府県に比べて高い水準にある。⁽³⁾

　このように、東京は本社機能が集中し、ヒト・モノ・カネ・情報が飛び交う日本経済の中心地である。全国から優秀な人材が集まり、効率的・効果的な業務運営が求められている。資本力のある企業も多く、経済の面から見ても東京に一極集中していることがわかる。経済価値が高くなるにつれて、土地の価格にも反映されることになる。

3　金融サービス

（1）日本銀行

　東京都は日本経済の中心地であるため、金融サービスを提供する企業も多数ある。メガバンクの銀行をはじめ、証券株式会社や投資ファンド、クレジットカード会社などである。また日本銀行は、経済や金融の中枢機関として、様々な活動を行っている。

　日本銀行のホームページを参考に、東京都中央区日本橋本石町にある日本銀行は、わが国唯一の中央銀行である。明治15年に制定された日本銀行条例に基づき、同年10月に開始された。日本銀行法により定められている認可法人であり、政府機関や株式会社ではない。この法律において、日本銀行の目的を、「我が国の中央銀行として、銀行券を発行するとともに、通貨及び金融の調節を行うこと」および「銀行その他の金融機関の間で行われる資金決済の円滑の確保を図り、もって信用秩序の維持に資すること」と規定されている。その他、物価の安定を図り、国民経済の発展に資することを掲げている。[(4)]

（2）国際金融都市

　東京都は、世界の国際金融都市として輝くために、目指すべき都市像や実施の具体的施策等をまとめた「国際金融都市・東京」構想を、2017年に発表した。その施策の一つとして、都民のニーズ等の解決に資する画期的な金融商品・サービスの開発・提供を行う金融事業者、及びESG投資の普及を実践する金融事業者を表彰する「東京金融賞」を創設した。それは二つの部門に分かれており、①「金融イノベーション部門」、②「ESG投資部門」である。[(5)]

　このESGとは、環境（Environment）、社会（Social）、ガバナンス（Governance）の英語の頭文字を合わせた言葉である。ESGに関する要素では、環境（E）は気候変動や水資源、社会（S）はダイバーシティやサプライチェーン、ガバナンス（G）は取締役会の構成や少数株主保護、などが挙

げられている。^{（6）}

　2019年度の「金融イノベーション部門」では、1位：Frich株式会社、2位：Fly Money Technologies LTD、3位：株式会社400F、が受賞している。Frich株式会社の応募テーマは、「保険のシェアリングが実現できるようなサービスがほしい」であった。^{（7）}同じく「ESG投資部門」では、三菱UFJモルガン・スタンレー証券株式会社、新生企業投資株式会社、S&P Dow Jones Indices LLC.が受賞している。^{（8）}

　現代社会は、パソコンやスマートフォンなどの情報通信の活用により、商品の購入や投資、資産運用が身近にできるようになっている。現金取引からキャッシュレスサービスへの移行も、進みつつある。このような中、より便利なシステムやサービス開発をするために、東京都民や事業者から意見を聞き、都として解決していくものが「金融イノベーション部門」である。この取組みにより、さらに効率的で便利な電子システムへの開発へとつながり、東京都は今以上に金融サービスの発展につながっていく。

4　政治行政

（1）国会議事堂

　国会議事堂は、衆議院（正面向かって左側）と参議院（右側）に分かれており、国の政治を担う場所である。約20年の年月をかけて、1936年（昭和11年）に完成した。このデザインは、全国から集められた118の案から選ばれた1点である。建築家には、1万円（現在の約2,000万円）の賞金が渡された。横206メートル、奥行き88メートル、中央の塔の高さ65メートルあり、建設当時は日本一の高さであった。全国各地から40種類以上、約3万トンもの石が集められ、国会議事堂は「石の博物館」とも呼ばれている。国会の重要な仕事の一つに、内閣総理大臣の指名がある。また国会の開会式は、全ての国会議員が国会議事堂に集まり、天皇陛下も出席されることになる。衆議院および参議院の会議場には傍聴席があり、一般の人々も議論の様子を見ることが可能である。^{（9）}

　日本国憲法では、第41条に「国会は、国権の最高機関であって、国の唯一の立法機関である」と定められている。国会議事堂は、建設当時から国の政治の中枢を担う建物として、その役割を果たしている。

（2）東京都の行政

　東京都には、かつて東京市が置かれていた。東京市は、1889年（明治22年）、市制町村制の施行により、東京府区部を区域として成立した。しかし、市制特例という法律により、東京市には市長を置かず、市役所も開設せず、市長の仕事は東京府知事が行い、市役所の業務は東京府庁が代わってこれを担当するという変則的な体制で出発した。[(10)]

　現在の東京都庁は、世界的建築家の丹下健三氏により設計された。東京都制は、戦時立法であった関係から、従来の地方制度にみられた中央集権的官治的傾向が著しくなり、自治権の拡充には逆行するものであった。終戦後では、他の地方制度とともに、ポツダム宣言受託の精神に従い、民主主義政治の基盤として修正を加えられる運命にあった。昭和21年（1946年）の第一次地方制度改正で、都制は中央集権より地方分権へ、官治的自治より民主的自治へと移行した。地方自治法において、都は道府県と同様に、普通地方公共団体として市区町村を包括する複合的地方公共団体となっている。しかし、大都市としての性格をもっている点で、他の道府県とは著しく異なっている。都は、大都市行政を担当すると同時に、府県行政をも行っている。また、都の区は特別区として、原則では市と同様の権能が認められることになっている。[(11)]

（3）東京都の財政

　東京都の財政状況を見ると、2020年度（令和2年度）の一般会計予算は、7兆3,540億円となっている。一般会計に、特別会計と公営企業会計を合わせた東京都全体の予算規模は、15兆4,522億円（単純合計）となり、ノルウェーの国家予算とほぼ同じ予算規模である。この数値は、過去最大であった2019年度（令和元年度）に次ぐ予算規模である。歳入構造について東京都と地方財政計画を比較すると、東京都は次の四つの特徴がある。①地方税の割

合が高い、②地方交付税が交付されていない、③国庫支出金の割合が低い、④地方債の割合が低い、である。東京都の歳入の約7割は、地方税（都税）が占めている。東京都は、都道府県で唯一、地方交付税の交付を受けていない。そのため、他の地方自治体に比べて自立した財政運営を行う必要性が高いと言える。⁽¹²⁾

2020年度（令和2年度）予算の歳出総額7兆3,540億円のうち、政策的経費である一般歳出は5兆5,332億円となっている。この一般歳出を行政目的に応じて区分した場合、最も多く予算が配分されているのは「福祉と保健」であり、以下「教育と文化」、「警察と消防」、「都市の整備」と続いている。「福祉と保健」は少子高齢化の進行を背景として、2005年度（平成17年度）以降16年連続で増加している。2020年度（令和2年度）は、1兆2,801億円となり、過去最大の規模である。また、今後の財政需要と将来世代の負担を考慮し、都債の発行額を抑制している。その結果、都債残高は、2012年度（平成24年度）の6兆5,720億円から8年連続で減少し、2020年度（令和2年度）では4兆7,875億円となっている。⁽¹³⁾

東京都は、財政状況が強く、国からの地方交付税を受けていない不交付団体である。国と地方の関係では、国からの補助金が地方に影響する力は大きいが、東京都は国庫支出金の割合が低いことから、比較的自由に都政を運営することが可能である。

5 文化・エンタテイメント

（1）観光消費

東京は、日本および外国からの観光客が多く、経済に影響を与える要素も大きい。東京には、浅草にある浅草寺をはじめ、明治神宮や靖国神社など、歴史ある神社仏閣がある。また、東京タワーやスカイツリー、東京国立博物館や上野の森のミュージアムなど、観光客にとって見どころ満載の都市である。

2019年（令和元年）に東京都を訪れた外国人旅行者数は、約1,518万人

（対前年比6.6％増）、日本人旅行者数は約5億4,316万人（同1.2％増）となっている。また、外国人旅行者が東京都内で消費した金額（観光消費額）は、約1兆2,645億円（同5.7％

写真Ⅱ－1　東京スカイツリー

（筆者撮影）

増）、日本人旅行者の観光消費額は、約4兆7,756億円（同1.3％減）となっている。このことからも、東京都内に来る観光客は国内旅行者よりも外国人旅行者が多く、インバウンドによる影響が強くなっている。

（2）浅草寺

　浅草は、庶民のまちとして下町風情が残る情緒あふれる地区である。浅草寺は、外国人観光客が行きたい場所のランキング上位に位置している。東京メトロ銀座線浅草駅、または都営浅草線浅草駅を下車するとすぐに浅草寺にたどり着き、駅前はいつも観光客で賑わっている。

　浅草寺は約1400年の歴史をもつ観音霊場であり、飛鳥時代の推古天皇36年（628）に創設されたと伝わっている。雷門は浅草寺の総門であり、正式名称は「風雷神門」である。名前の由来は、風神と雷神を門の左右に奉安していることからきている。この風雷神門が、なぜ「雷門」と呼ばれるようになったかは不明である。雷門が創

写真Ⅱ－2　浅草寺の雷門

（筆者撮影）

建されて以降、焼失と再建を繰り返しながら現在に至っている。現在の雷門は、1960年（昭和35年）に松下電器産業（現パナソニック）社長・松下幸之助氏の寄進により再建されている。[16]

この雷門をくぐり宝蔵門へと続く参道が、仲見世通りである。約250mの通りには、老舗の和菓子や和雑貨など約90店舗のお店が立ち並んでいる。宝蔵門を越えると、本堂へ到着する。

（3）遊園地

浅草寺のすぐ近くには、「浅草花やしき」があり、日本では最も古い遊園地である。メリーゴーランドやお化け屋敷、ローラーコースターなど、誰もが一度は体験したアトラクションで楽しむことができる。

「浅草花やしき」は、江戸時代嘉永6年（1853年）に森田六三郎氏により、牡丹と菊細工を主とした花園として誕生した。[17]花屋敷が一般公開された嘉永当時、寂れていた浅草に勢いを盛り返そうと同所を開園させたと考えられている。浅草の地域力や民間活力導入による町おこしである。そのため、維新後の東京府にとっても、花屋敷は都市計画に不可欠の存在となった。[18]

その後、時代の流れと共に、明治5年（1872年）頃からは、遊戯施設が設定されるようになった。園内にあるローラーコースターは、昭和28年（1953年）に設置されたものであり、日本に現存する最古のコースターでもある。現在では、アトラクションや縁日広場、飲食店舗が立ち並び、浅草の遊園地として親しまれている。[19]

その他、東京には「東京ディズニーリゾート」、「サンリオピューロランド」や「遊園地よみうりランド」など数多くのテーマーパークがあり、観光スポットの一つとして取り上げられている。

6　特別区—台東区の福祉—

（1）新型コロナウィルスの影響

現在、新型コロナウィルスの影響により、多くの人々が職を失い失業状態に陥っている。一方で、2020年11月17日の日経平均株価は2万6,000円を上[20]

回り、29年ぶりの高値となった。
ある特定の階層はさらに資本力を
増し、貧困状態にある人々はます
ます貧困に陥る格差社会となって
いる。

写真Ⅱ－3　山谷

（筆者撮影）

　東京の山谷地区（台東区・荒川
区）は、日雇い労働者向けの宿泊
所が集まっている。ここで生活す
る住民や周辺のホームレスに対し
て、新型コロナウィルスの影響が及んだ。山谷の日雇い労働者を対象にした
東京都の「特別就労対策事業」が、2020年4月にコロナの影響で中止された。
この事業は東京都の公共事業として、公園や霊園の草むしり、道路清掃など
を紹介するものであり、日払いで7500円前後となっている。[21]

　このように日雇い労働者の雇用が失われ、働きたくても働けず、賃金を得
ることができない状況が発生している。そのため、貧困問題は、個人の責任
ではなく、社会問題の一つとして捉える必要がある。

　日本は経済の活発化を重視する経済モデルをとっている。その反面で、非
正規雇用やワーキングプアに代表されるように、格差が生じている。新型コ
ロナウイルスに起因する失業問題や生活破綻はその弱さを表している。

（2）高齢者福祉

　台東区の資料によれば、台東区の65歳以上の高齢者人口は、2018年（平成
30年）4月1日時点で4万5,986人であり、高齢化率は約23.3％となっている。
今後は、75歳以上の後期高齢者人口の増加、要支援・要介護認定者や認知症
高齢者の増加が予想されている。区では、ひとり暮らしの高齢者や高齢者の
みの世帯に対して地域で見守る仕組みを構築しており、買い物やごみ出しな
ど、日常生活支援のニーズに対応する生活支援サービスを提供している。特
別養護老人ホームの老朽化対策やサービス提供の基盤整備にも取り組んでい
る。その他、介護人材のキャリアアップの支援・研修を実施し、介護サービ

スの質の向上に努めている。また、「認知症サポーター」の養成を行い認知症カフェの実施など、認知症に関する普及啓発を図っている。[22]

（3）障害者福祉

　障害者手帳所持者数は、2018年（平成30年）3月末現在、身体障害者が6,533人、知的障害者が964人、精神障害者が1,586人であり増加傾向にある。住み慣れた地域で生活を支える施設整備を促進しており、障害者のグループホーム（16か所）、生活介護施設（5か所）を整備している。また在宅サービスは、地域で生活を希望する障害者を支える柱であり、利用者数・利用量とも増加傾向にある。区では、家族などの介護者の一時休息、負担軽減を図ることを目的に、重症心身障害児（者）などの在宅レスパイトを実施している。さらに、障害福祉サービスの安定的な供給のために、福祉・介護ニーズに的確に対応できる人材を確保するとともに、障害者を支援する多様な担い手を育成・支援している。[23]

（4）生活保護

　生活保護関係では、2018年（平成30年）の保護率は41.4％であり、最も低い中央区7.1％の約6倍の高さとなっている。[24] 生活保護受給世帯及び人数は、2016年（平成28年）からは減少傾向であるが、2018年（平成30年）4月現在で約8,000世帯、約8,600人が受給している。生活保護受給者の自立に向け、ハローワークと連携して就労支援を実施している。就労意欲の喚起や日常生活習慣の改善を図るなど、就労準備のための支援を実施している。2018年（平成30年）に「生活困窮者自立支援法」が改正されたことにより、関係機関と連携し、生活困窮者の自立に向けた包括的な支援を実施している。また支援プラン作成件数は、年々増加している。特別区・台東区ともに路上生活者数は減少しているが、台東区内の路上生活者数は2018年（平成30年）1月現在で69人となっており、特別区の中では多い状況である。また、生活保護に至る前段階の自立支援策を強化し、社会福祉士などの専門員が相談を受け、支援プランの作成や家計相談・就労相談などを通して、生活困窮状態からの早期自立を促進している。[25]

7　子育て児童福祉

（1）子ども食堂

　東京都は、子ども食堂の安定的な実施環境を整備し、地域に根ざした活動を支援するため、子ども食堂の運営を支援する区市町村に対し、補助を実施している。なお、2020年度（令和2年度）は、新型コロナウィルスに伴い、「子どもの食の確保」への緊急対応策として、在宅の子どもや保護者を対象に、食事の提供（お弁当や食材の配布等）を行う事業者を支援している。子ども食堂の実施主体は東京都内の区市町村であり、区市町村が認めた者へ委託又は補助を行うことができる。実施方法は、原則として1か月に1回以上、定期的に子ども食堂を実施することである。また、1回当たり子どもや保護者が、合わせて10名以上参加できる規模で開催することとされている。子ども食堂の職員は、利用する子どもや保護者の相談に応じ、必要に応じてニーズに対応した関係機関につなぐよう努めるものとされている。なお、虐待が疑われる場合等は、子供家庭支援センター等に対して通告を行うこととされている。⁽²⁶⁾

　補助基準額は、1食堂あたり、年間24万円を上限（活動1回あたり1万円を上限）としている。補助率は、都10／10（令和3年度以降は都1／2、区市町村1／2）となっている。その他、子ども食堂の運営に必要な経費（賃借料、会場使用料、食材費、光熱水費、保険料等）である。ただし、人件費は対象外となっている。2018年度（平成30年度）に東京都の「子供食堂推進事業」で支援をした子ども食堂は、117か所となっている。⁽²⁷⁾

（2）子どもの学習支援

　経済的な事情で塾に通うことができないひとり親家庭の子どもを対象とした学習支援事業が行われている。学習支援ボランティアが指導し、子ども達が学習方法や学習習慣を身に付けて、勉強に対する苦手意識を克服することを目標としている。対象となる子どもは、経済的な理由により学習塾に通えない都内在住ひとり親家庭の小学4年生～中学3年生であり、次の条件を満

たす者である。①児童扶養手当受給世帯、及び所得がこれに相当する世帯であること、②学習塾・家庭教師・通信教育等を利用していないこと、③東京都又は区市町村が実施する他の学習支援を受けていないこと、である。⁽²⁸⁾

8　周辺都市―稲城市の福祉―

（1）保健・医療・福祉の連携

　東京都の西側に位置する稲城市は、人口約9万2,000人⁽²⁹⁾の地方自治体である。稲城市のホームページによると、稲城市の2020年度（令和2年度）の予算案は、一般会計が373億2,400万円であり、前年度比率で4.6%増となっている。また歳入は、自主財源の市税が155億2,604万円となり、前年度比率で1.2%の増となっている。稲城市では、次の三つの取組みを基本としている。①健全な財政を維持しながら、長期総合計画の事務事業や市が直面する課題の解決に取り組むこと、②市民の安全を最優先に、防災・減災対策に取り組むこと、③新たな財源の確保に取組み、事務事業についての費用対効果や必要性を検証し、施策の優先順位付けを行うこと、である。⁽³⁰⁾

　保健・医療・福祉の連携強化では、高齢化の進展に伴う終末期での療養の充実促進等を含めた地域医療を見直すため、中間年となる2020年度（令和2年度）から2か年で、医療・介護の現状分析等に基づいた課題抽出を行い、稲城市医療計画を改定するとされている。障害者及び障害児の福祉では、地域生活支援拠点等の充実など障害福祉サービスの整備・確保等を図るため、第6期稲城市障害福祉計画・第2期稲城市障害児福祉計画（2021年度［令和3年度］から2023［令和5年度］まで）を策定予定である。また、保育施設等について、待機児童対策として、保育園の建て替えや民営化による開設や新設、保育定員の増員を行うとしている。⁽³¹⁾

（2）介護ポイント制度

　高齢者介護施策では、介護保険制度が2000年度（平成12年度）から開始され、現在は稲城市介護保険事業計画（第7期：2018年度［平成30年度］〜2020年度［平成32年度］）が実施されている。稲城市は「介護支援ボラン

ティア制度」発祥のまちであり、ボランティア活動や介護予防自主グループの取組みなど地域活動に支えられ、介護予防・介護のまちづくりが進められてきた。稲城市の高齢化率は、2017年（平成29年）時点で20.5％であり、東京都平均の22.5％よりも2.0ポイント低い割合となっている。高齢化率は、2025年（令和７年）では22.0％と微増する見込みである。ただし、要介護のリスクが高まる後期高齢者の割合は、2017年（平成29年）の9.0％から、2025年（令和７年）の12.8％への伸びが見込まれている。[32]

　稲城市発祥の「介護支援ボランティア制度」は、2007年（平成19年）から開始された。これは、高齢者がボランティアとして介護支援を行った場合にポイントを付与し、これに対して交付金を交付する制度である。この制度では、活動実績に応じて、実質的に介護保険料の負担を軽減することとされている。[33]

　稲城市介護支援ボランティア制度の流れであるが、次のような手順となっている。①稲城市社会福祉協議会でボランティア登録をし、「健康に心配なし手帳（介護支援ボランティア手帳）」を受け取る、②ボランティア受け入れ先の紹介を受け、介護支援ボランティア活動を行う、③ボランティア活動終了後、主催者から手帳にスタンプを押してもらう、④前年度の手帳を稲城市社会福祉協議会に提示し、評価ポイントに変える、⑤評価ポイントを活用し現金化する、⑥評価ポイント数に応じて現金が口座に振り込まれ、次回の介護保険料の支払いに使用する。[34]

9　補論―足立区の子どもの貧困対策―

（１）区の概況

　東京都足立区は、人口68万1,281人（2017年１月１日）、23区の最北東部に位置し、かつて江戸四宿として栄えた"千住"のあるまちである。同区ではこれまで、治安の悪さ、子どもの学力の低さ、短い健康寿命、貧困の連鎖という４つの課題を抱えて、こうした不利をなくすために、全庁的な取組みを進めてきた。同区の子どもの貧困調査の分析には深いものがある。また、同

区は東京都下の自治体であるゆえに、他都市と比較して財政事情に余裕がある点も見逃せない[35]。

（2）武器としてのアンケート調査

表Ⅱ－1のアンケート結果を紹介する理由は、データなくして、予算を獲得できないからである。足立区は2015年度から継続して調査を実施しており、対象者は、区立小学校に在籍する2年生（全員）69校5,351人で、2016年度からは、4年生（一部）9校616人、区立小学校6年生（一部）9校623人、区立中学校2年生（一部）7校755人を加えている。有効回答率は、合計81.8％と高い[36]。記名アンケート方式により、区が学校を通じて質問票や回答票の配付・回収を行っている[37]。

同区の調査の目的は、子どもの健康と生活の実態、家庭環境や生活習慣が及ぼす子どもの健康への影響、子どもの健康と世帯の経済状態にどのような要因が媒介しているのかを明らかにすることである[38]。2015年度調査から明らかになったのは、困ったときに保護者に相談できる相手がいることにより、子どもの健康に及ぼす生活困難の影響を軽減できるという知見である。また、子どもが運動・読書習慣を身につけることにより、健康面で良い影響を受け、子どもの健康に及ぼす生活困難の影響を軽減できる可能があることも判明した。

2016年度調査からは、子どもが地域活動に積極的に参加することにより、生活困難な状況でも逆境を乗り越える力を身につけ、同様に、「登校しぶり」「朝食欠食」「5本以上の虫歯」などへの影響も緩和される傾向が見いだされ、高学年では「幸福度」も高くなることが明らかになっている。レジリ

表Ⅱ－1　足立区の子どものアンケート調査

	小2	小4	小6	中2	合計
調査票配布数	5,351	616	623	755	7,345
集計・分析対象数（有効回答率）	4,358（81.4%）	534（86.7%）	530（85.1%）	588（77.9%）	6,010（81.8%）

（出典：足立区　2017）

エンスという点に着目しているのもユニークである。

　基本情報として、同区の生活保護の受給率については、高止まりになっている。2012年から４％台に近づいている。就学援助率は、小・中学校ともに国や都の平均値を大きく上回っており、小・中学校の平均値は国の2.4倍になっている。（足立区　2014：14、足立区「未来につなぐあだちプロジェクト」2017 website）

　図Ⅱ－１は、足立区の世帯年収の分布を示している。このような詳細なデータをまとめているのは貴重であるが、300万円未満の階層が１割を超えている。もう少し枠を広げて、「生活困難」という概念を用いて調査しているのが興味深い。「生活困難」は、子どもの貧困状態を家庭の経済的な困窮だけでなく、家庭環境全体で把握しようとするものである。

　調査項目は、①世帯年収300万円未満、②生活必需品の非所有で、子どもの生活において必要と思われる物品や５万円以上の貯金がない等（英国のデプリベーションの状態に相当する）、③支払い困難経験（過去１年間に経済的理由でライフラインの支払いができなかったこと）から構成され、いずれか１つでも該当する世帯を「生活困難」にある状態と定義している。

　なぜ300万円という基準が出てくるのか。その根拠は３つあるという。

図Ⅱ－１　足立区の世帯年収の分布

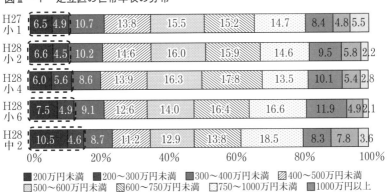

（出典：足立区　2017：1）

第1は、生活保護基準から捉えた視点で、生活保護を受給している母子世帯（母30代、子小学1年生）を想定した場合、その年収は生活保護基準に基づいて算定すると272万円相当となり、300万円未満の年収層で経済的な「生活困難」を把握できる。

　第2は、世帯の可処分所得から捉えた視点である。母子世帯（母30代、子小学1年生）において、300万円の年収がすべて給与収入と考えた場合、税や社会保障費を引いて児童手当等を加味すると、世帯の可処分所得は303万円程度と類推される。世帯人数が増えれば経済的困窮度はさらに増すため、このケースでも300万円が基準になる。

　第3は、生活必需品の非所有と支払い困難経験を年収から比較した視点である。世帯年収200万円と300万円で生活必需品の非所有、ライフラインの支払い困難経験の割合を比較したところ、ほとんど差がなかった。つまり、200万円を基準にすると、多くの「生活困難」層を取りこぼす可能性があるとの判断が働いている。（足立区　2016：48）。

　同区調査で「生活困難」の条件に該当した世帯の内訳は、図Ⅱ－2の通りである。「世帯年収300万円未満」に該当する世帯数は700世帯（11.6％）で、「生活必需品の非所有」に該当する世帯数は990世帯（16.5％）という数字が

図Ⅱ－2　足立区の「生活困難」層の実態の把握

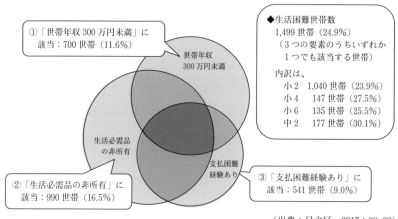

①「世帯年収300万円未満」に該当：700世帯（11.6％）

◆生活困難世帯数
1,499世帯（24.9％）
（3つの要素のうちいずれか1つでも該当する世帯）
内訳は、
小2　1,040世帯（23.9％）
小4　147世帯（27.5％）
小6　135世帯（25.5％）
中2　177世帯（30.1％）

世帯年収300万円未満

生活必需品の非所有

支払困難経験あり

②「生活必需品の非所有」に該当：990世帯（16.5％）

③「支払困難経験あり」に該当：541世帯（9.0％）

（出典：足立区　2017：68-69）

判明している。「支払困難経験あり」に該当する世帯数は541世帯（9.0％）で、３つの要素のうちいずれか１つでも該当する世帯数、つまり「生活困難」世帯数は1,499世帯（24.9％）にのぼる。調査の結果、約４分の１が「生活困難」層に属し、貧困がみえないと言われるなかで一定の数字が明らかになっている。

（３）庁内ガバナンス

　同区の庁内ガバナンスをみておきたい。「子どもの貧困対策の推進に関する法律」を契機にして、2014年８月に対策本部を設置し、翌年の2015年度には「未来につなぐあだちプロジェクト（足立区子どもの貧困対策実施計画）」を策定して、本格的な取組みに着手している。

　庁内ガバナンスの構造をみると、３層で構成されている（図Ⅱ－３参照）。第１層の「足立区子どもの貧困対策本部」は司令塔で、健康・生活作業部会および教育・学び作業部会の二本柱で構成されている。第２層の検討会議（全体会）は、検討部会間の総合調整などを行う。第３層の健康・生活検討部会および教育・学び検討部会で、①事業ラインナップ、重点施策案の検討、②各事業の指標、目標、具体的手段、スケジュール、成果の検証等を踏まえた実施計画案の検討、③対策本部への提案、助言を行うとされている。目指すのは次の７つの項目で、「全庁的な取組み」「予防・連鎖を断つ」「早期かつきめ細やかな施策の実施」「学校をプラットフォームに」「リスクの高い家庭への支援」「NPO等との連携」「国・都等への働きかけ」を実施に移している。

（４）確かな財源調達と「健康および生活」中心の予算づけ

　足立区は予算の５か年計画を策定しており、実行可能性は高い（表Ⅱ－２・表Ⅱ－３参照）。2017年度予算では、「健康および生活」の事業費が子どもの貧困対策予算額全体の80.1％を占めている。(39)「健康および生活」の細目は、親子に対する養育支援、幼児に対する発育支援、若年者に対する就労支援、保護者に対する生活支援への財源手当てである。また国庫支出金、都支出金、他の特定財源が占める割合は9.5％、一般財源56.6％で、５か年予算

図Ⅱ-3　子どもの貧困対策本部・検討部会体制

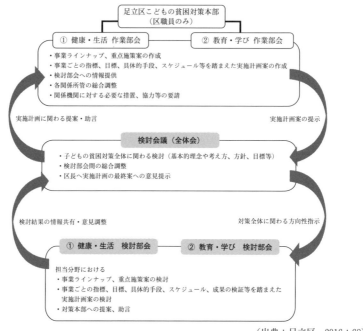

足立区こどもの貧困対策本部
（区職員のみ）

① 健康・生活 作業部会　　　　② 教育・学び 作業部会

・事業ラインナップ、重点施策案の作成
・事業ごとの指標、目標、具体的手段、スケジュール等を踏まえた実施計画案の作成
・検討部会への情報提供
・各関係所管の総合調整
・関係機関に対する必要な措置、協力等の要請

実施計画に関わる提案・助言　　　　　　　　　　　　　　実施計画案の提示

検討会議（全体会）

・子どもの貧困対策全体に関わる検討（基本的理念や考え方、方針、目標等）
・検討部会間の総合調整
・区長へ実施計画の最終案への意見提示

検討結果の情報共有・意見調整　　　　　　　　　対策全体に関わる方向性指示

① 健康・生活　検討部会　　　② 教育・学び　検討部会

担当分野における
・事業ラインナップ、重点施策案の検討
・事業ごとの指標、目標、具体的手段、スケジュール、成果の検証等を踏まえた
　実施計画案の検討
・対策本部への提案、助言

（出典：足立区　2016：68）

額でも同様で、「健康および生活」の事業費は全体の77.6%となっている。

　通常ハード整備計画であれば、年次別の予算計画を作成している事例はよ
く見かける（土木・建築業界で「スタミナ表」などと呼ばれている）。しか
し福祉の分野において、財政計画を立てる事例は非常に珍しい。福祉の分野
で財政計画を策定しない理由は、一般的には将来の不確実性が高すぎるため、
将来にわたって財源を担保しがたいという事情があるからである。もちろん
財政状況が良い自治体であれば、その不確実性を吸収できる財源の余裕があ
る。足立区は、東京23区の中では相対的に財政状況は良くないが、それは新
宿区や港区と比較した場合の議論に過ぎず、一般的な地方公共団体と比較す
れば、潤沢な財源を持っており、優位な財政状況にあることは指摘するまで
もない。地方公共団体の借金の状態を示す「将来負担比率」が、足立区を含
めて東京23区はすべてゼロである。このことが、財政状況の良さの何よりの

表Ⅱ－2　足立区子どもの貧困対策予算額　平成29年度

単位：千円

施　策	総事業費	事業費	人件費	国　庫 支出金	都支出金	その他の 特定財源	一般財源
教育学び	6,104121	4,203352	1,900,769	203,136	376,625	340,473	5,183887
健康生活	24,725844	23,429391	1,296,453	9,643,646	2,539,332	302,174	12,240692
推進体制	20,172	6,642	13,530	1,000	0	0	19,172
総　計	30,850,137	27,639,385	3,210,752	9,847,782	2,915,957	642,647	17,443,751

（出典：足立区「未来へつなぐあだちプロジェクト　年次別アクションプラン（5カ年計画）　平成29年度当初予算反映」：1）

表Ⅱ－3　足立区子どもの貧困対策5か年予算額　平成27～31年度

		総事業費	事業費	人件費	国　庫 支出金	都支出金	その他の 特定財源	一般財源	総　計
5 か 年 合 計	教育 学び	28,817,518	21,237,629	7,579,889	843,383	1,557,697	1,726,379	24,690,059	
	健康 生活	100,352,577	94,542,561	5,810,016	38,111,241	9,931,931	1,190,265	51,119,140	129,273,371
	推進 体制	103,276	35,371	67,905	4,000	0	0	99,276	

（出典：前掲資料：2）

証拠である。以上、足立区の子どもの貧困対策をみてきたが、調査の切り口の良さと財政の余裕度で、他の自治体をリードしている。

　子どもの貧困とは、貧困世帯の子どもが社会的に不利を被っていることを指す。軽減の糸口は、まず、経済支援にあることは自明であり、次に、当事者の社会関係性に着目した家族アプローチによる支援が求められる。東京都特別区を除いて、一般の地方自治体では持続可能な事業に見合う予算がついていない。結論としては、政策的にみて、貧困・生活困窮家庭に対する国の施策内容は低調と言わざるを得ず、地方公共団体も計画において展望を描ききれていない。（参考文献　山本隆『貧困ガバナンス論　日本と英国』晃洋書房、2019年）

《まとめ》

　東京は政治・経済・文化の中心地であり、巨大都市として発展し続けている。1990年代後半からは、不動産市場に投資資金を呼び込むことで、不動産

の証券化を整備してきた。このスキームによって、海外からの資金が集まっている。その意味で、東京はロンドンで進められた世界都市金融戦略と類似の政策をとってきた。豊富な資金により、高層建物が次々につくられ、不動産開発は活況を呈している。その反面、浅草などの昔風情のまち並みも残っている。高度専門・技術職者の仕事場がある一方で、のどかな田園を垣間みることができる。

　東京の課題は、「東京一極集中」である。これは日本の課題でもある。東京には、ヒト・モノ・カネ・情報の全てが集中し、経済効率は抜群であるが、同時に大きなリスクを抱えている。2011年の東日本大震災では、東京に大量の帰宅困難者が発生した。大地震や災害が起きた場合、日本の中枢機能が停止するリスクは未だ解消されていない。強さともろさの共存を調整していく政治力が求められている。

　新型コロナウィルスの影響により、人材系の民間企業パソナグループが本社機能を東京から淡路島に移す予定であるという。将来東京から地方へと移転する企業が増加するかもしれない。東京におけるヒト・モノ・カネ・情報の集積が分散化へと進むとなれば、日本の新たな産業編成が進むことになる。

参考文献

池享・櫻井良樹・陣内秀信・西木浩一・吉田伸之編者『みる・よむ・あるく東京の歴史⑤』（吉川弘文館、2018年）

小沢詠美子著『江戸ッ子と浅草花屋敷　元祖テーマパーク奮闘の軌跡』（小学館、2006年）

釜江廣志編者『入門証券市場論』（有斐閣ブックス、2015年）

総務省『地方財政白書（令和2年版）』（日経印刷株式会社、2020年）

竹内誠・古泉弘・池上裕子・加藤貴・藤野敦著『東京都の歴史』（山川出版社、1997年）

東京都（東京都公文書館）編集発行『都史資料集成Ⅱ　自治体東京都の出発』（2015年）

東京都（東京都公文書館）編集発行『都史資料集成Ⅱ　オリンピックと東京』（2018年）

安村克己・堀野正人・遠藤英樹・寺岡伸悟編著『よくわかる観光社会学』（ミネル

ヴァ書房、2011年)

足立区（2014）「グラフでみる足立区」 https://www.city.adachi.tokyo.jp/kuse/ku/aramashi/documents/00-2graph.pdf　検索日　2017年5月2日

足立区（2016）「未来へつなぐあだちプロジェクト　足立区子どもの貧困対策実施計画（平成27年度～平成31年度）」　検索日　2017年2月14日

足立区（2017）「第2回子どもの健康・生活実態調査　平成28年度報告書」 https://www.city.adachi.tokyo.jp/kokoro/fukushi-kenko/kenko/kodomo-kenko-chosa.html　検索日　2017年6月23日

足立区（2017）「未来へつなぐあだちプロジェクト」website https://www.city.adachi.tokyo.jp/sesaku/miraihetunaguadachipurojekuto.html　検索日　2017年11月9日

足立区（2017）「未来へつなぐあだちプロジェクト　年次別アクションプラン（5カ年計画）　平成29年度当初予算反映」足立区政策経営部子どもの貧困対策担当

山本隆著『福祉行財政論　国と地方からみた福祉の制度・政策』（中央法規、2002年）

注

（1）東京都HP　https://www.metro.tokyo.lg.jp/tosei/hodohappyo/press/2020/10/29/09.html　検索日2020年11月17日

（2）ニッポン放送NEWS ONLINE「世界の都市ランキング」東京は3位～1位、2位はどの都市？　https://news.1242.com/article/190003　検索日2020年11月17日

（3）国土交通省　国土政策局　企業等の東京一極集中の現状　2019年　https://www.mlit.go.jp/kokudoseisaku/content/001319708.pdf　検索日2020年11月17日

（4）日本銀行　日本銀行の概要　https://www.boj.or.jp/about/outline/index.htm/　検索日2020年11月18日

（5）東京都HP　東京金融賞2020　http://finaward.metro.tokyo.jp/　検索日2020年11月18日

（6）年金積立金管理運用独立行政法人　ESG投資　https://www.gpif.go.jp/investment/esg/#a　検索日2020年11月18日

（7）東京都HP　金融イノベーション部門アーカイブ　2019　http://finaward.metro.tokyo.jp/citizen-needs/introduction/archive_2019/　検索日2020年11月18日

（8）東京都HP　ESG投資部門アーカイブ　2019　http://finaward.metro.tokyo.jp/esg/introduction/archive_2019/　検索日2020年11月18日

（9）NHK for School　国会議事堂を見てみよう　https://www2.nhk.or.jp/school/movie/clip.cgi?das_id=D0005310167_00000　検索日2020年11月18日

（10）東京都公文書館　東京都公報の歴史　東京市の場合　https://www.soumu.metro.tokyo.lg.jp/01soumu/archives/0716kouhou_c.htm　検索日2020年11月

18日

（11）東京都編集発行『都史資料集成Ⅱ　自治体東京都の出発』pp61-62（2015年）

（12）東京都　東京都の財政　2020年　https://www.zaimu.metro.tokyo.lg.jp/
syukei/zaisei/0204tozaisei.pdf　検索日2020年11月18日

（13）―前掲書

（14）東京都産業労働局　平成31年・令和元年東京都観光客数等実態調査　https://
www.sangyo-rodo.metro.tokyo.lg.jp/toukei/tourism/h31-jittai/　検索日
2020年11月19日

（15）あさくさかんのん浅草寺　浅草寺の歴史　https://www.senso-ji.jp/about/
検索日2020年11月19日

（16）あさくさかんのん浅草寺　境内を巡る　https://www.senso-ji.jp/guide/
guide01.html　検索日2020年11月19日

（17）浅草花やしき　花やしきの歴史　https://www.hanayashiki.jp/our-history/
検索日2020年11月19日

（18）小沢詠美子『江戸ッ子と浅草花屋敷　元祖テーマパーク奮闘の軌跡』pp210-
211（小学館、2006年）

（19）浅草花やしき　花やしきの歴史　https://www.hanayashiki.jp/our-history/
検索日2020年11月19日

（20）日本経済新聞、11月17日

（21）東洋経済ONLINE「山谷・寿町」日雇い者が瀕するコロナ禍の憂鬱
https://toyokeizai.net/articles/-/347889　検索日2020年11月20日

（22）台東区　高齢者が安心して地域で暮らし続けられる環境づくり　https://
www.city.taito.lg.jp/index/kusei/kihonkoso/sogokeikaku/27-36tyoukei.
files/12hukushi.pdf　検索日2020年11月20日

（23）台東区　障害者の地域生活を支える環境づくり　https://www.city.taito.
lg.jp/index/kusei/kihonkoso/sogokeikaku/27-36tyoukei.files/12hukushi.pdf
検索日2020年11月20日

（24）東京都福祉保健局　生活保護　https://www.fukushihoken.metro.tokyo.lg.jp/
kiban/chosa_tokei/nenpou/2018.files/30-7seikatsuhogo.pdf　検索日2020年11月
20日

（25）台東区　生活の安定・自立に向けた支援の充実　https://www.city.taito.
lg.jp/index/kusei/kihonkoso/sogokeikaku/27-36tyoukei.files/12hukushi.pdf
検索日2020年11月20日

（26）東京都福祉保健局　子供食堂推進事業　https://www.fukushihoken.metro.
tokyo.lg.jp/kodomo/kosodate/kodomoshokudou.html　検索日2020年11月20日

（27）―前掲書

（28）東京都福祉保健局　ひとり親家庭に育つ子供の学習支援「のびスク」の参加
者を募集します　https://www.fukushihoken.metro.tokyo.lg.jp/smph/joho/

soshiki/syoushi/ikusei/oshirase/gakushushien.html　検索日2020年11月20日
（29）稲城市HP　最新の人口及び世帯数　http://www.city.inagi.tokyo.jp/kanko/
gaiyo/jinkou/saishin.html　検索日2020年11月24日
（30）稲城市HP　令和2年度施政方針　http://www.city.inagi.tokyo.jp/shichoushitsu/
shiseihoushin.html　検索日2020年11月24日
（31）―前掲書
（32）稲城市　稲城市介護保険事業計画（第7期）　2018年　http://www.city.
inagi.tokyo.jp/kenko/kaigohoken/kaigohokenkeikaku6.files/inagi-
kaigohokenjigyoukeikaku_v7.pdf　検索日2020年11月24日
（33）稲城市HP　稲城市介護支援ボランティア制度　https://www.city.inagi.tokyo.
jp/kenko/kaigohoken/kaigosien/index.html　検索日2020年11月24日
（34）稲城市HP　稲城市介護支援ボランティア制度の流れ　https://www.city.inagi.
tokyo.jp/kenko/kaigohoken/kaigosien/techou.html　検索日2020年11月24日
（35）2017年8月4日、足立区政策経営部子どもの貧困対策にてヒアリング調査を
行い、説明を受けた。対応者は同部長・秋生修一郎氏、同課長・岩松朋子氏。
（36）2016年10月に、区立小中学校に在籍する児童・生徒に調査票を配付し、回答
票を回収し、このうち調査への同意が得られなかった者、回答票が白紙であった
者、学校身体測定・学校歯科健診の未受診者、「足立区基礎学力定着に関する総
合調査（学習意識調査）」の未回答者を除いた者を本報告書の分析対象者として
いる。また、小学2年生は保護者のみに、その他の学年は保護者と子どもにそれ
ぞれ調査を実施している。回答者の約90%は、子どもの母親である。
（37）2016年10月に、区立小中学校に在籍する児童・生徒に調査票を配付し、回答
票を回収し、このうち調査への同意が得られなかった者、回答票が白紙であった
者、学校身体測定・学校歯科健診の未受診者、「足立区基礎学力定着に関する総
合調査（学習意識調査）」の未回答者を除いた者を本報告書の分析対象者として
いる。また、小学2年生は保護者のみに、その他の学年は保護者と子どもにそれ
ぞれ調査を実施している。回答者の約90%は、子どもの母親である。
（38）実施方法は、足立区・足立区教育委員会、国立研究開発法人国立成育医療研
究センター研究所社会医学研究部、国立大学法人東京医科歯科大学大学院医歯学
総合研究科国際健康推進医学分野の三者が協働で調査を行っている。調査は無記
名アンケート方式により、区が学校を通じて調査票の配付・回収を行い、国立成
育医療研究センター、東京医科歯科大学が結果の集計・分析を実施している。
（39）同区のこどもの貧困対策に係る事業計画の中での、具体的な配分の内訳であ
る。
（40）日刊工業新聞ニュースイッチ　淡路島に本社機能移転のパソナ　https://
news.yahoo.co.jp/articles/970b3e16d4dc64c75e33393c0cd3e09a355a078f　検索日
2020年11月25日

Ⅲ　グローバル都市・ロンドン

《はじめに》

　イギリスの首都ロンドンは伝統と革新が織りなすグローバル都市である。
世界で最もエネルギッシュな都市で、再開発により超近代的なビル群が人々
の目を引きつけ、景観は常に変化している。イギリスは資本主義の発祥地で
あり、かつては製造業、今は金融サービスで世界をリードしている。他方、
今も階級社会の名残は色濃く、格差は固定されている。この章では、ロンド
ンの福祉社会というテーマで、その都市機能に特化して講述する。前半では、
経済、行政、商業、芸術文化の各々のブロックで、後半では、福祉と雇用の
実相をみていく。

《キーワード》

　伝統と革新、金融サービス、観光資源、ブレグジット、地域企業パート
ナーシップ

．．．

1　ロンドンの経済・行政・商業・芸術文化

（1）「世界の都市総合力ランキング」第1位

　イギリスは、グレート・ブリテンおよび北アイルランド連合王国からなり、
その構成国イングランドの首都がロンドンである。イングランド南東部テム
ズ川の河畔に位置しており、人口は760万人である。

　歴史を振り返ると、イギリスは世界史で初めて、資本主義と労働者（階
級）を生み出した興味尽きない国である。18世紀後半から19世紀のイギリス
で始まった産業革命は世界各国へと広まり、人々の暮らしを大きく変えた。
イギリスを対象にした社会科学研究の面白さはここにある。

　生活は豊かになり、今も残る巨大な建造物は「世界の工場」であったことの証である。一方で、労働環境は過酷になり、労働者階級の誕生と、貧困・失業が生じ、衛生環境・住宅・家族関係・教育の悪化が社会問題となった。労働問題や社会問題を改善しようと、新たな社会思想が生まれたのもこの国である。これはⅤのソルテアとニューラナークで解説する。

　ロンドンは、ヨーロッパ大陸の諸都市でみられるような静謐な都市ではなく、ダイナミックそのものである。もちろんコモンズ（commons）と呼ばれる緑豊かな公園や花木は、人々の憩いの場を提供している。その意味で、動と静がミックスした場所ともいえる。

　旅行先としても、日本人に大人気のロンドンで、世界遺産の建造物や赤いダブルデッカーの二階建てバス、世界をリードするファッション・音楽・アートシーンなど、旅行すればロンドンの魅力に憑りつかれる。

　ロンドンは王室ゆかりの場所から最先端のトレンドスポットまで、見どころが満載である。特に若者は男女ともに服装はスタイリッシュで、そのオシャレ度に目を奪われ、中高年の紳士淑女もベストドレッサー揃いである。また、イギリスの料理はおいしくないと言われるが、それは昔の話である。最近はグルメも好評で、EUとの交流で食事が改善した。

　Ⅰでみたように、ロンドンは「世界の都市総合力ランキング」で、2012年以降6年連続で首位を維持し、世界一の主要都市としてその地位を確立している。ランキングの指標では、「文化・交流」において他国の追随を許さない。それは海外からの訪英者が多いことがその理由の1つである。2012年の指標発表時はオリンピック開催にともなう外国人観光客の流入が要因とみられていた。しかし、政府はオリンピック後も海外に向けたプロモーションに力を入れており、2013年以降も訪問客数を順調に伸ばしている。

　このようにロンドンは、金融、芸術、文化、教育、交通など、あらゆるシーンで世界をリードするグローバル都市である。また、多様な人種の移民が暮らしており、国際色豊かな顔を持つ。

（2）金融センター

　ロンドンには、世界をリードする国際金融センターがある。銀行や保険会社などの金融サービス業は2019年のイギリスのGDP全体の6.9％を占めている。The City UK（イギリスの金融サービス業の促進を目的として活動する業界団体）によれば、2019年のレポートでは、2017年時点の金融業界での雇用者数は国全体の雇用者の3.4％、コンサルタントや法務、会計などの金融サービス関連の専門ビジネスも含めた場合には全体の7.3％を占める。さらには、2018年のイギリスの税収全体の10.9％を金融サービス業が占めている。地方の人々からは、ロンドンは「バンカーのまち」としてその豊かさが羨望の的になっている。

　イギリスの金融サービス業は国際金融を主としている。2018年の同業種による貿易黒字は619億ポンド（約8兆円）を計上しており、国際金融取引の中でも、外国為替取引や金利OTCデリバティブ取引、クロスボーダー銀行貸し付けで世界第1位を誇っている。このようにイギリスが世界金融市場をリードしている要因は、次の4点とされている。①タイムゾーン（アジア主要都市とニューヨークの中間地点に位置し、同日での取引が可能）。②英語圏であること。③安定した税制。④優秀な専門人材が豊富にそろっていることとされている。[1]

　周知の通り、イギリスは2020年1月31日に欧州連合（EU）から離脱した。在英金融機関は1996年に導入された「単一パスポート制度」を利用し、イギリスを含むEU各国で金融サービスを提供している。単一パスポート制度とは、金融機関がEU加盟国の一つで認可を取得すれば、域内の他の国でも業務を展開できる制度である。しかしEU離脱に伴い、EU各国での金融業務が滞ることが懸念されている。実際、他のEU加盟国への移転などを行う企業も出ている。

　ロンドンの経済政策は、次の通りである。①先進都市サービス―都市として効率的に機能するように努める。②文化的創造的産業―QOL（quality of life　風格のある生活）とウェルビーイング（wellbeing）に貢献する。③金融

とビジネス・サービス―ロンドンの経済の働きを支える。④生命科学―社会に直面している主要な医療ケアへの取り組みを支援する。⑤低炭素および環境財とサービス―低炭素循環経済への移行を実施する。⑥教育とデジタル化―ロンドン経済を通じて革新を起こしていく。⑦観光事業―ロンドンを国際的な顔にしていく。

　経済学や政治学で、「レント・シーキング（rent seeking）」という興味深い言葉がある。これは取引の差益による資本の蓄積を意味する。スティグリッツの説明では、経済取引における独占力と政治過程における独占力は一体的に並行するという。アメリカを例にとると、国有財産や民間資産を格安で取得したり、借用したりすることで莫大な利益を得ているグループがある。M&Aもしかり。レント・シーキングは特定の利益集団を保護したり助成したりする法律を制定する行為をいう。この現代の富の蓄積形態はロンドンでもみられる。

（3）行　政

　次に、ロンドンの行政組織に目を転じてみたい。イギリスには、ウルトラ・バイレス（越権禁止の法理 ultra vires）の慣行がある。これは地方自治体の権能は法定が定める所定の目的に限定されるという考え方である。今は法文上廃止されており、2011年のローカリズム法の施行によって、大陸法系諸国の特徴である一般的権能（general competence）が地方政府に与えられている。イギリスの地方自治も変化しているのである。

　ロンドンの政治リーダーについては、広域圏を管轄するグレーターロンドン・オーソリティ（GLA）という広域団体がある。ただし、その公選のロンドン市長には大きな権限は付与されていない。ロンドン市長は、ロンドン全域にかかわる公共交通、地域計画、経済開発、環境保全、警察、消防・緊急計画、文化・メディア・スポーツ、保健衛生などの分野での戦略的な企画・調整に携わる。市長には予算編成権はあるものの、そのほとんどを占める実施機関の予算は国の補助金で賄われている。したがってロンドン市長には裁量の余地はほとんどなく、その予算規模は小さい。

ロンドンの経済開発であるが、最近になり、再開発に関する市長の権限も強化されてきた。経済開発政策は重要なアジェンダであるが、2011年まで実施機関のロンドン開発公社（London Development Agency, LDA）がその主役であったが、2011年のローカリズム法により廃止された。代わって、「ヨーロッパ地域開発ファンド（the European Regional Development Fund）」が使えるようになり、グレーターロンドンに開発権限が移行している。その結果、比較的自由に住宅や再開発のために土地を購入できるようになっている。

さらに市長には、複数の「市長開発局（Mayoral Development Corporations）」を設立することが認められている。地域再生を目的として、特定の地域を指定し、道路や公共施設、保健教育施設、コミュニティ・レクリエーション施設などの社会基盤整備を行う新たな権限を掌握している。

ロンドン開発公社の廃止にともない、グレーターロンドンに与えられたもう一つの機能は、ビジネスと地方自治体のパートナーシップの組織化である。地域経済の発展と競争力の向上、雇用の創出、職業技能の向上などを目的とした、民間主導の「地域企業パートナーシップ（Local Enterprise Partnership）」が躍動している。ロンドン版として、2011年2月にロンドン全域の「ロンドン経済パートナーシップ（LEAP）」が中央政府から承認されている。これは後段で解説する。

次に、ロンドン・バラ（London Borough）という基礎自治体の議論に移りたい。バラという特別区は興味深い。その理由は、各々ロンドン・バラをみた場合、その権限は強く、個性豊かだからである。

実はバラによって、制度政策は大きく異なる。バラの政治志向を反映するからである。バラを支える地方議会において保守党議員が多く選出されているところ、労働党議員の多い区、自由民主党の議員の多い区で、政治や政策は違ってくる。また、バラの間での調整もあまりない。住宅、経済開発、再開発だけでなく、課税権、学校、保健、福祉、失業対策、住宅、最低賃金など、多くの実施権限をバラが掌握している点が興味深い。ちなみに、革新自

写真Ⅲ－1　ハックニー区役所の正面

（筆者撮影）

治体のバラは、ハックニー、ハリンゲイ、サザークで、労働党支配であるが
社会変革型でもある。

　市民生活にとって、住宅は重要な政策である。最近では、住宅政策に関す
る市長の権限は強化されている。人口増が続くロンドンでは、住宅が決定的
に不足しており、特に低所得者向け住宅の不足が社会問題になっている。人
口増の多くを子どもの多い移民が占めていることもあり、低所得者向け住宅
の需要が増す一方で、バラによってはマイノリティ用の住宅の建設に消極
的なところもある。（参考文献　笠京子「イギリスの大都市制度―GLA（大
ロンドン庁）とロンドン区―」 http://www.toshi.or.jp/app-def/wp/wp-
content/uploads/2013/10/report131.pdf　検索日　2020年11月2日）また、
住宅相場であるが、ロンドンで賃貸住宅を借りる場合、1か月35万円が一般
的な家賃である。

（4）再開発

　再開発と言えば、ロンドン・ドックランズである。ロンドン・ドックは、
かつてはテムズ河沿岸に形成された造船所や倉庫が立ち並ぶ港湾地区であっ
た。この地区は衰退に伴い1970年代に閉鎖された。その後、再開発を民間主
導で進めるために、1981年に都市基盤整備を行う都市開発公社が、翌年には、

写真Ⅲ-2　ロンドン・ドックランズの再開発

(スカイビルからの筆者撮影)

規制緩和や租税優遇のためのエンタープライズ・ゾーンが設置された。テムズ河周辺の再開発はまさに民活の場と化して、息を吹き返したのである。先にも触れたが、都市開発公社による事業は1998年に終了したが、再開発事業は現在も進んでいる。

　その後、都市機能は再開発により高度化し、世界経済における地域向上に成功したロンドンに人々が戻ってきた。人口では、1970年代に84万人に減少したが、1980年代以降は増加に転じている。

　再都市化の一方で、外国人労働者の流入と都市内格差の拡大が進んだ。グローバル都市の形成において、多国籍企業のエリートや高次サービス業の専門・技術職が集まると同時に、ビル清掃や警備、飲食業などの低賃金のサービス業に多くの外国人が吸収された。その結果、身分格差が拡大している。

　この二極化は、ジェントリフィケーションの進展を通じて、都市空間の階層分化として表面化している。ジェントリフィケーションとは、衰退地区の再開発に伴って、住民の社会階層が上方に入れ替わる現象である。再開発地域には、高学歴・高収入の白人を主体とする管理職や専門・技術職の若い世代が移ってきている。ヤッピーの都市内移動である。これに対し、旧住民は

マイノリティや貧困層などで、後でみる「マナーハウス開発トラスト（社会的企業）」の主宰者はハックニー区で10代にも及ぶ貧困世帯の出身だと伝えてくれた。格差はあっても、社会的企業などの推進者には意地と反発がみられる。

　ガイドブックを読めば、ブリックレーンやショーディッチは若者の人気スポットになっている。イーストエンド地区のブリックレーンは若者に人気のエリアで、ビール工場の跡地にバングラデシュの移民が住み、今はアジア料理と古着のメッカとなっている。また近隣のハックニー区のショーディッチでは、ハイセンスな店舗が並ぶ流行の発信地である。ルナ＆キュリオス店では、イギリス人を中心としたアーティスト集団の雑貨や服を扱っている。財布やポーチなどの小物や子ども服までアイテムがある。

　このように、かつての貧困地区であったエリアに、ストリートアートが溢れ、街の中にはスタイリッシュな古着店やマーケット、カフェ、エスニック料理のレストランなどの個性的な店が並ぶ。サブカルチャーと、最先端のファッショナブルな今のロンドンを体感できる。ただし、少し通りを外れると女性には危険な地域でもある。

写真Ⅲ－3　ブリックレーン（通りの名前を示す道路
標識がみえる）

（筆者撮影）

（5）文　化

　ロンドンや他の都市の魅力は文化の豊かさである。入館が無料のところも多い。

1）大英博物館

　ハンス・スローン卿の個人コレクションが、1759年に国に譲られたことから大英博物館の今に至る。館内には100余りの展示室があり、古代エジプト、古代ギリシア・ローマ、西アジア、ローマン・ブリテンとヨーロッパなど、地域別・年代別に分かれている。一日ではまわり切れない。ロゼッタストーン、ラムセス2世の胸像、ライオン狩りのレリーフ、パルテノン神殿の破風彫刻、サットン・フーの兜、イースター島の人造彫刻などは必見である。[(2)]

2）ヴィクトリア＆アルバート博物館

　ヴィクトリア様式の建物で、名前は19世紀の女王ヴィクトリアと夫アルバート公に由来する。ロンドン自然史博物館の隣にあり、デザイン・芸術を専門として400万点ものコレクションを収蔵している。室内装飾、古美術、工芸、デザインを展示する博物館としては世界最大の規模を誇る。[(3)]

3）ナショナル・ギャラリー

　銀行家ジョン・ジュリアス・アンガースティンの私蔵コレクションを、1824年に政府が購入し、一般に公開している。収蔵絵画は2,300点で、年間の来館者は450万人とされている。西洋絵画のコレクションとしては、間違いなく世界最高である。ヤン・ファン・エイクの「アルノルフィーニ夫妻の肖像」、ターナーの「解体されるために最後の停泊地に曳かれていく戦艦テメレール号」、レオナル・ド・ダビンチの「岩窟の聖母」、ボッティチェリの「ビーナスとマルス」、ティツィアーノの「バッカスとアリアドネ」、フェルメールの「バージナルの前に立つ女」、カラバッジョの「エマオの晩餐」、ゴッホの「ひまわり」は必見である。[(4)]

4）テート・ブリテン

　ナショナル・ギャラリーのイギリス部門が独立した美術館である。美術館内は17世紀から19世紀のイギリス絵画、20世紀のイギリス絵画とターナーコ

写真Ⅲ－4　テート・ブリテンの正面

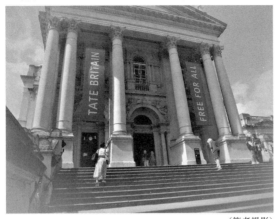

（筆者撮影）

レクションの3部門に分かれている。特にターナーはイギリスが世界に誇る画家である。ミレーなどのラファエル前派、ウィリアム・ブレークの作品も必見で、有名なのは、ジョン・エバレット・ミレーの「オフィーリア」である。19世紀に活躍し、細密描写で知られるミレーの最高傑作である。(5) これを目当てに来館する人も多い。

（6）商業　ショッピング

1）ハロッズ

　ハロッズは世界一の百貨店として知られるデパートである。創業は1849年からで、老舗デパートの代表である。イギリス最大の売り場面積を誇り、ため息が出そうな高級商品を取りそろえているが、価格もため息が出る。お土産にハロッズベアをはじめ、オリジナル商品は人気である。(6)

2）セルフリッジズ

　アメリカ人の経営者ハリー・ゴードン・セルフリッジが、1909年に創業したオックスフォード・ストリートに構える老舗デパートである。店内は豪華で、100万点のアイテムがある。アイコンにもなっている黄色いショッピングバッグをはじめとしたブランド力が世界中の人々を惹きつけている。食料品はイートインを含めて充実しており、イギリスのオールドタイムズ・オレ

写真Ⅲ－5　リバティのチューダー様式の建物

（筆者撮影）

ンジ・マーマレードなどを買ってみたい。[7]

3）リバティ

　創業は1875年で、1924年完成のチューダー様式の建物が素晴らしい。ハロッズやセルフリッジズと並んでロンドンを代表するもう一つの老舗デパートである。やや手狭であるが、店内には落ち着きがある。リバティ・プリントが有名で、布地から雑貨、衣類まで豊富にそろっている。スカーフのクォーリティが高い。[8]

4）ハーヴェイ・ニコルズ

　ハロッズやリバティなどの高級老舗デパートと比べて、比較的予算も低めである。若者向けのファッショナブルで洗練されたお土産が揃っている。面積も小さめで、見やすい店内になっている。[9]

5）ジョン・ルイス

　シルクバイヤーのジョン・ルイス（John Lewis）によりロンドンのオックスフォード・ストリートに呉服商と小間物店をオープンしたのが始まりである。親会社はジョン・ルイス・パートナーシップで、1号店が1864年にロンドンのオックスフォード・ストリートで開業している。1925年から掲げている"Never Knowingly Undersold（どこよりも安く）"のキャッチフレー

写真Ⅲ－6　ジョン・ルイスの正面（赤の二階建てバスが走行中）

（筆者撮影）

ズは有名である。他の大型百貨店の価格よりはやや低めに設定されている。
インテリア・雑貨が主力で、その品揃えは良い。個人的には、絨毯がお薦め
である。[10]

　社会起業の視点からは、ジョン・ルイスはとても興味深い。従業員所有
の百貨店なのである。後継者の息子ジョン・スピーダン・ルイス（John
Spedan Lewis）は、会社経営の意思決定にスタッフを参加させることによ
り、従業員所有企業というビジネスの実験を開始した。スピーダンは、パー
トナーが共同所有者としての権利と責任を持つことを確約するために、会社
運営に関する定款を定めた。競争の激しい百貨店業界において首尾よく運営
し、かつ民主的であり、すべてのパートナーに共同所有するビジネスの発言
権を与える参加型手法をとり入れたのである。この参加型企業のスタイルは、
時代に先駆けており、今日も続いている。ここにイギリス人の公共精神・社
会性を尊重する、志の高さを感じる。さらにスピーダンは、女性の社会参加
を後押した。彼は女性従業員に大学進学を勧め、女性の社会参加を強く奨励
し、さらには婦人参政権に向けた運動を後押したのである。思想的には、妻
の影響があったされる。この歴史の推移は、館内のパネルで分かるようにな

写真Ⅲ－7　ジョン・ルイスの入り口　従業員所有であることを示したパネルがある

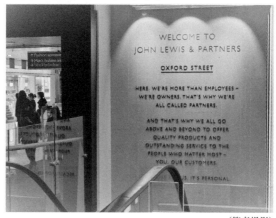

（筆者撮影）

っている。

　近年、ジョン・ルイスはイギリス国内で関心が高まる「環境配慮」への取り組みを積極的に進めている。小売では商品を持ち帰る際に、プラスチックの買い物袋や包装材が使われるが、その量は決して少なくない。ジョン・ルイスはオンラインで注文し、店舗で受け取る「Click & Collect」で使用される包装材を100％リサイクルのものに変えている。美容製品の空パッケージや不要になった洋服などを、店舗に持参した顧客には商品券を渡す施策も始めている。2019年に、リテール・イノベーション最高賞を獲得したが、このような環境改善への取り組みが評価されたからである。

6）交通アクセス

（ⅰ）地下鉄

　チューブの名称で親しまれている。世界で初めて地下鉄を開業したのがロンドンである。全11路線、270の駅があるが、便数も多く利用しやすい。オイスターカードを使うと、どの駅にでも行ける。チューブ・マップを詳しくみるのも楽しい。

（ⅱ）バス

　赤い2階建てバスで、ロンドンのシンボルである。バスの2階からみえる
まちの風情は最高である。ただし、カーブでの揺れには気をつけること。

（7）ジェントリフィケーション

　ロンドンのジェントリフィケーションは理解しておかなければならない。
ジェントリフィケーションとは、先にも触れたように従前の住民と新しい住
民が入れ替わり、都市の富裕化現象のことをさす。この用語は、1964年に、
イギリスの社会学者であるルース・グラスが名づけた。「都市再開発（urban
redevelopment）」や「都市再生（urban regeneration）」との大きな違いは、
ジェントリフィケーションという言葉に低所得層の立ち退きといった不当な
行為への批判が含まれている。

　ジェントリフィケーションは、典型的にはノッティングヒルやハックニー
で起こっている。ノッティングヒルはカリブ系の人たちが多く住み、ハック
ニーはユダヤ系からアフリカ系の人たちに代わり、いずれも、かつては治安
の悪い貧困地区であった。それがジェントリフィケーションにより様相が変
化してきた。

　ノッティングヒルは、映画『ノッティングヒルの恋人』であまりにも有名

写真Ⅲ-8　ノッティグヒルケート駅からみたノッテ
ィグヒル界隈

（筆者撮影）

である。アンティークが素晴らしく、周辺の雰囲気はヨーロピアンである。イギリスらしい土産物から雑貨、生鮮食品まで揃い、ヨーロッパで最大級のストリート・マーケティングを楽しめる。金曜は古着、土曜はアンティークのストールが並び、通り沿いには常設の骨董品が並ぶ。8月末に開催されるカーニバルも有名である。

インナーシティ（inner city）と呼ばれる地域は、大都市の都心周辺に位置し、住宅・商店・工場などが混在する地域のことをさす。労働者が住んでいた地域に、やがて中間階級の人たちが住むようになり、家賃が高騰して、労働者が立ち退きを迫られる実態があった。

インナーエリアの衰退は、1970年代に始まる。欧米の大都市の内部地域で経済が衰退し、失業者の増加や建造環境の悪化、貧困や犯罪などの社会問題や社会病理が深刻化した。当時、urban decayという英語で呼ばれた。1970年代の景気後退は第2次産業から第3次産業への転換を促進し、都市内部の製造業が振るわなくなるなかで、失業が生じ、労働者に転職を迫った。転職と言っても、低賃金雇用である。または、インナーエリアに滞留する人たちもいた。アメリカ映画であるが、J・シュレンジンジャー監督作品『真夜中のカーボーイ』では、廃墟となったニューヨークの建物でやむなく暮らす貧困青年を描いている。インナーシティは、人種的・民族的マイノリティの権利剥奪や社会的排除の問題でもあった。

2　雇用と福祉

（1）London Economic Action Partnership（LEAP）
1）ロンドンの地域企業行動パートナーシップ

ロンドンの地域企業パートナーシップの名称はLEAP（London Economic Action Programme）で、「飛躍する」するという言葉とかけている。この組織は、ロンドン市長、ロンドン特別区と起業家、ビジネス関係者を連携させて、ロンドンの経済成長の浮揚と雇用創出を創発する戦略的行動を計画する。

　リーダーはロンドン市長である。市長がLEAP理事会の議長を務め、ロンドン・カウンシルがLEAPの参加メンバーを任命する。理事会には、LEAP投資委員会とロイヤルドックス企業ゾーン・プログラム委員会の2つの小委員会が設けられている。ロンドンの雇用開拓の切り札はやはりドックの再開発である。

　LEAPはまた、欧州構造投資ファンド委員会を通じて、プログラムの実施過程を管理する。欧州構造投資ファンドに基づくプログラムは2014年から2020年まで実施され、ロンドンには7億4,860万ユーロの資金の割り当てがあった。筆者による担当者のヒアリングでは、EU資金はイギリスの補助金よりも使い勝手が良いとのことである。

　ロンドン・バラは、「アクセス・ヨーロッパ・ネットワーク」を介して、ヨーロッパの資金調達に関するアドバイスを得ることができる。このネットワークは、ロンドン市、ロンドン企業パネル、グレーターロンドン企業、ヨーロッパ資金からそれぞれ資金を確保している。ロンドンに配分された欧州構造投資ファンドは、雇用やトレーニングに出資する欧州社会ファンドと、ロンドンの経済競争力を支援する欧州地域開発ファンド（European Regional Development Fund）に支出される。

　ここで、若者問題の社会的背景をみておきたい。今日のイギリスにおいて、教育を受けておらず、雇用や訓練をしていないニート（（Not Education, Employment nor Training, NEET）の若者が、2019年で16歳から24歳の間で約80万人いる。この年齢層の失業率は11.9％で、48万2,000人にものぼる。この数字はイギリスの標準より低いものの、OECD平均の11.1％よりもわずかに高い。[11]

　社会的企業ユース・エンプロイメントUK（Youth Employment UK）の「若者の意見調査（Youth Voice Census）」は、どのような点で、若者が就活で困難を抱えているかを明らかにしている。それは14歳から24歳までを対象にした年次調査で、2019年の回答者数は3,000人以上の若者で、調査の結果では若者の雇用の大きな障壁は次の要因が働いていた。[12]①メンタル・ヘル

ス、②居住地からの交通費（location and travel costs）、③社会経験の不足、④就業技能の不足、⑤どのような技能が要求されているかの基本的理解の不足、⑥自信の欠如。

　日本では引きこもりが大きな課題であるが、イギリスの若者は教育でのつまずきから職業に就けないケースが多く、教育と福祉からのサポートが必要になっている。

　また雇用の課題については、ロンドンは国際的な経済圏域であり、2018年では約5,000億ポンドの経済価値を生み出しており、イギリスGDPの約4分の1に相当する。ロンドン首都圏の経済は合計約1兆ドルで、イギリスGDPの合計3分の1に値する。しかしながら、ロンドンが繁栄しているにもかかわらず、若者は職業に就けずに、労働市場からはじかれている。LEAPは、このような就労困難な若者のために考案されたスキームである。

　イギリスの地域格差に触れておくと、それはOECD諸国よりも劣悪なものである（30のうち28番目）。ロンドン以外の地域で、インフラ整備や開発投資を強化していく必要がある。それは、ロンドンの人口増加を止めること、地方への権限移譲といった政策を含むことになる。ロンドンの人たちから聞くのは、ロンドンに通勤するために周辺の地域に住みつつも、長距離通勤の問題があり、通勤時間は東京のように長い。

２）ロンドンの雇用創出戦略

（ⅰ）ロイヤルドックス企業ゾーン

　LEAPの切り札はテムズ河畔のドック再開発である。ロイヤルドックスは、大規模な再生プログラムを請け負っており、住宅の新規着工、成長型の経済ハブを創りだすことを目指している。事業資金の推定3億1,400万ポンドは、今後5年間にわたり活用される。LEAPの報告書によれば、今後25年間で、このプロジェクトはゾーン内で3万5,000の雇用と4,000の住宅をつくり出し、広域のエリアでは6万の雇用と2万5,500の住宅を建設すると予測している。[13]

　ロイヤルドックスのプロジェクト案は大きなスケールである。以下は、いくつかの事業例である。まず、ロイヤル・アルバート・ドックサイトに関連

するヨーロッパ最大のアジア・ビジネス・パークを開発する予定である。こ
のプロジェクトでは、内部投資で10億ポンドを調達して、3.5m平方フィー
トの商業スペースを確保し、小売りやサービス付きアパートも建設する。ロ
イヤルドックスの雇用創出計画は社会的経済的な利益を地元にもたらし、2
万以上の雇用を創設すると見込んでいる。このプロジェクトは、中国の開発
業者ABPとのコラボである。

（ⅱ）カナリー・ウォーフ

　過去にカナリー・ウォーフ（Canary Wharf）の開発では不動産投資の焦
げ付きがあった。1992年に住宅販売を完了する際に、再開発を請け負った企
業が破産申告を行ったのである。その原因は、ロンドンの不動産市場の景気
後退、企業間の過当競争、不十分な輸送リンク、不安定な財源の仕組みであ
った。さらには、宅地造成業者の自信過剰とずさんな運営があった。⁽¹⁴⁾

　現在、カナリー・ウォーフは、カナダの不動産投資者とカタールのソブリ
ン・ウェルス・ファンドが完全所有をしている。過去の失敗があったとはい
え、カナリー・ウォーフは今よみがえっている。ヨーロッパの中で最大の地
域再生プロジェクトであり、多くの国際的な銀行やグローバル企業が投資を
続けており、この区域は12万の仕事を生み出す巨大な雇用センターとして期
待されている。

　しかし、経済利益の地元への還元で問題がある。カナリー・ウォーフの労
働者のわずか10分の1が地元の住民である。むしろ利点は企業にあり、シテ
ィバンクやHSBCのような大企業が参入して、地方税のビジネスレートの特
権を活かそうとしている。

　1981年では、地元の住宅の82%がカウンシルの所有となっていたが、30年
後にはわずか12%になった。カナリー・ウォーフは、現在ではロンドンの資
産を購入するうえで、外国人が投資先として優先するトップクラスの地域と
なっている。にもかかわらず、学校のある地域ではロンドンの金融資本は離
れてしまい、二つのバス停留所しかない。生徒の76%（全国平均30%）が、
低所得層のための食料福祉サポート（food welfare support）を受けるとい

う貧困地域が隣接している。この二極化を解消していく必要がある。

3）LEAPを支える資金

（ⅰ）資金の流れ（funding stream）

　LEAPを支える資金をみておくと、出資者は以下の通りである[15]。

ローカル・エコノミーズ

ロイヤルドックス企業ゾーン

クラウドファンド・ロンドン

ロンドン地域再生ファンド

成長地域ファンド

技能と雇用

ロンドン市民の資本ファンドに向けた技能

デジタル人材プログラム

ロンドン企業アドバイザー・ネットワーク

スモール・ビジネス

ロンドン成長ハブ

ロンドン共同出資ファンド

ロンドン・オープン・ワークスペース

（ⅱ）成長地域ファンド

　他にも重要な資金の流れがある。成長地域ファンド（Growing Places Fund）は、雇用や経済成長を直接的に促進するプログラムである。それは、2012年から2015年まで、1億1,000万ポンドの共同出資の入札の機会をもたらした。財源配分は、次の優先分野に基づいて分配されている[16]。①インフラ整備。②技能と雇用。③中小企業。④デジタル・クリエイティブ、⑤サイエンス＆テクノロジー。

　特に成長地域ファンドが重要で、主要な資金を提供している。この資金をテコにして、2万6,730の新しい雇用を創出し、555のビジネス・サポート、963の学習と就労支援に活用され、1万2,875の住宅ユニットを建設していくと予測されている。また融資返済が、2026年までに合計5,800万ポンドと予

想されている。

（ⅲ）ロンドン共同投資ファンド

　成長地域ファンド、ロンドン共同投資ファンドを通じて集まった額は、8,500万ポンドで、うち2,500万ポンドはLEAPからの投資である。中小企業の財源調達上の隘路を克服するために、20億ポンドが追加計上されている。ファンド・マネジャーは、若者成長テク（Young Growth Tech）にエクイティ・ファンドを融通している。[17]いずれにしても若者は技能を身に着けて、労働市場に参入し、生活の基盤を築くことが大切であり、雇用の創出は若者にとってチャンスである。LEAPの成功を待ちたい。

（2）高齢者ケア：ロンドン・マートン区

1）イギリスの高齢者ケアと準市場

　イギリスの高齢者ケアは、1990年代に変革期を迎えた。1980年代と1990年前半を通じて、当時の保守党政権は、準市場（quasi-market）を創出して、行政部門の無駄と非効率をなくし、供給面で競争を奨励して、サービス供給主体の市場化を進めた。準市場は、消費者に選択肢を増やそうとする福祉改革の中心的な要素であった。[18]

　1980年代のコミュニティケア改革は、グリフィス報告（1988年発表）で具体化され、政府白書へと転じていった。その計画は「1990年国家保健サービスおよびコミュニティケア法」として施行されている。同法のポイントは、「購入者／供給者分離」である。社会福祉部は引き続き財源を保障する中心機関であったが、ソーシャルケア（social care）の直営体制を変えていった。地方自治体はサービスの大部分を民間営利企業から購入することとし、市場調査、契約文化、購入者／供給者の責任分担を重視していった。

　準市場改革は、利用者のニーズアセスメント、民間企業等からのケアパッケージの入札と購入など、社会福祉部にとって新たなタスクをもたらした。同時に、ソーシャルワーク文化の変容が迫られた時期でもあった。

　1997年に労働党が政権に就いてからも、保守党前政権が1980年代、1990年代に導入したソーシャルケアの準市場アプローチを継承した。この改革は明

らかにイギリスのソーシャルワークの原理と実践に大きな変化をもたらした。[19]

２）高齢者ケアの最新の状況

（ⅰ）費用負担をめぐる概況

　イギリスの人口は高齢化の道をたどっている。65歳以上の人口が約1200万人で、高齢化率は18％と日本よりもかなり低い（Office of National Statistics 2018）。高齢者の21％は、行政の公式なアセスメントを受けて、自治体サービスを利用する一方で、13％は自費でサービスを購入している（Nick Triggle 2018）。[20]介護施設（care home）は15,600か所あり、40万人の高齢者が施設介護を受けている。介護施設の市場規模は165億ポンド（2019年３月）で、介護企業に費用を支払っている人たちは、金額にして市場の51％、サービス量で45％を占めている。また、地方自治体の純予算の37.8％が成人のソーシャルケアに充当されている（ADASS 2018）。[21]

　20年を経て、市場化はどこまで達成されたのだろうか。「ガーディアン紙」によれば、「民間企業は介護施設のベッドの84％を運営している。これに対し、ベッドの13％はボランタリーセクター（民間非営利セクター）によって、３％は地方自治体によって占められている。在宅ケア（domiciliary care）に関しても、状況は似ている。介護機関の85％は民間の介護企業による運営である。14％はボランタリーセクターによって、１％が地方自治体によって在宅サービスが提供されている。」[22]

　20年後の最大の問題は、ケアホームの質のばらつきである。その要因には、自治体財源の不足、介護職員の低賃金と人材確保の困難さ、施設経営へのサポート体制の弱さである。これらすべてが日本の事情と似ている。

　介護市場の規模は現在160億ポンドであるが、ソーシャルケアでは2019／20年で26億ポンドの予算不足が生じている。このような窮状に対して、地方自治体が準市場の失敗の原因を突きとめて、その対策に取り組むことを地方自治体協議会（LGA）は要請している（Independent Age 2017）。[23]

　また公認財政研究所（CIPFA）は、成人社会サービス部長協議会（ADASS）、地方自治体協会、ケアプロバイダー・アライアンス、保健省

(DH) が協力して、介護セクターを支えるように求めている。コミッショナー（日本の保険者に相当する）が以下の法律の要請に応えることができるように、財務ガイダンスを定めている。

（ⅱ）イギリスの成人高齢者ケア計画の財務ガイダンス

高齢者ケア計画では、費用負担がイシューになっており、主なポイントは次の通りである。①費用効果であること（Be cost effective）―公的な費用に見合う価値を提供するサービスを委託する。②コミッショニング計画の策定と費用の設定において、諸種のケアとサポートのコストを意識すること。③プロバイダーのビジネス環境を理解し、プロバイダーと協力して市場の持続可能性を確保すること。これにより、現在および将来の地域のニーズを満たすのに十分な準備が整うとされている。（出典：Independent Age advice guide　https://www.adass.org.uk/getting-the-price-right-for-sustainable-care-and-support---a-practical-guide-for-commissioners Accessed on 2020-10-10）

3）予算規模と介護単価

福祉財政の側面からは、成人のソーシャルケアの費用には3つの基本的な要素がある。すなわち、介護単価（unit costs of care）、プロセスコスト、需要の管理である。

介護単価は介護報酬に相当するもので、地方自治体はこの単価を決定する責任を負っている。自治体単位であるため、価格差がみられている。たとえばシェフィールド市では、介護施設の1週間の費用は約690ポンドと定めているが、ロンドンのイズリントン区では1週間あたり約1,000ポンドで、その差は大きい。イギリスの介護単価もケアワーカーの労働条件に影響を与えている。たとえば一部の施設では、ケアワーカーは5人の入所者にあたることになり、他の施設では、ケアワーカーは9人を担当する。

一方、賃金については、ほとんどの介護施設においてケアワーカーに1時間あたり8.72ポンドの最低賃金が支払われる。一部の施設はケアワーカーに高い給与を支払っているが、利益を最大化したいという経営者側の思惑があ

り、高い給与を支払う事業所は限定的である。(24)

　民間施設は利益を最大化する動機を持つために、コスト削減に走り勝ちで、提供するケアの質について懸念がある。その結果、ケアの質委員会が実施する検査は、個人や地方自治体にサービスの質に関する評価を通知する。評価は４つで、「優秀」「良」「要改善」「不適」であるが、「要改善」の施設を抱える自治体は多くみられる。

　在宅介護の事業所も大多数が民間企業で、一部には家業がある。2008年の不況に続いて、多くの介護事業者が破綻しており、現在のパンデミックにより、イギリスの275の介護施設が閉鎖されると推定されている。介護事業者が破綻した場合、入居者が新しい施設に移り、または在宅ケアの継続を保証するために新規の事業者につなぐ責任が地方自治体に生じている。

　ソーシャルワーカーの役割であるが、自分たちが介護市場の保持・発展をコントロールできるとは感じていない。介護需要が拡大し、クライアントの複雑なニーズも増加するのに伴い、ソーシャルワーカーは介護市場の形成といった業務に翻弄されている。

（３）ロンドン・マートン区の自治体ケア計画

１）マートン区の概況

　ケース事例として、ロンドンにある特別区マートンの高齢者ケア計画をみておきたい。テニスのグランドスラム大会の１つであるウィンブルドントーナメントの開催地で有名である。同区の人口は211,787人である。マートン・モデルは高齢者ケア計画の成功事例として評価されており、特にソーシャルワークの専門性を活かしたコミッショナーの役割が優れている。

２）マートン区の介護市場

　介護のサービス調達は民間に任せており、以下の４つのコミッショニング（準市場の手配）にかかる原則を掲げている。

（ⅰ）「人に焦点を当てる」

　各人の強みを生かし、コミュニティの強みと結びつけることで、健康と福祉をサポートする。

（ⅱ）「自立を最大化する」

　自治体全体のアプローチを駆使して、人々が可能な限り充実した人生を送る権利を擁護すること、つまり個別的な目標を通じて彼らの自立を支援する。

（ⅲ）パートナーシップ（協働体制）の下での働き方

　個人、地域社会、パートナーと創造的に協力し、人々が健康に暮らせるように可能な限り最高の結果を実現できるように支援する。

（ⅳ）持続可能な働き方

　最もサポートを必要とする人々を優先し、予算の範囲内で提供されるコスト持続可能なサービスを提供する。⁽²⁵⁾

　緊縮財政下にあることから、コスト・パフォーマンスの原則が貫かれている。

　マートン区の会話重視型ソーシャルワークが興味深い。高齢者ケアの提供でソーシャルワークは積極的に活用されている。

　ソーシャルワーカーの会話手法を用いたアプローチは、以下の3段階を踏むとされている。

　【会話1タイプ】生活していける状態をつくるために　「どうすればあなたと連携できますか？」

　【会話2タイプ】リスクを抱える人に対して　「あなたを安全な状態にするために、何を変える必要がありますか？」

　【会話3タイプ】「公正な予算とは何ですか？　またその資金はどこから来ていますか？⁽²⁶⁾」

　ソーシャルワーカーの会話手法を用いたアプローチは確かに注目される。ソーシャルワーカーが会話主体でクライアントにニーズを見極め、そこから最善のサポートを引き出すという手法なのであろう。ただし、これは市場化による機械的な対応への反省なのであろうか。日本の介護現場では、概ね事業者と利用者の対話は基本になっている。

　ここで、マートン区のフォーマリティとインフォーマリティの融合にも注目してみたい。フォーマリティとインフォーマリティの定義は様々であるが、

図Ⅲ－1　マートン式統合型コミュニティケア

コンタクトの第一地点

- GP診療
- 病院　A&E
- 退院
- ボランタリーセクターの機関
- 行政の顧客コンタクト
- その他

成人社会的ケア
最初の対応

特定の住民に向けた：プロ地域チームによるアクティブ型マネジメント（GP、コミュニティ看護師、一次メンタルヘルス、ソーシャルワークで構成）

地域基盤のケア単一の送致のポイント（アクセスとトリアージ）

'マートン統合型コミュニティケア'
- リエイブルメント
- コミュニティ迅速対応
- A&E連絡
- コミュニティ回復措置
- コミュニティ療法士
- OT
- テレケア
- コミュニティ看護
- ソーシャルワーク

多職種コミュニティケア
退院アセスメント&ニーズの判定

長期ケアの供給と長期ケアとサポートの供給
- ダイレクトペイメント
- 在宅ケア
- デイサービス
- サポート付き生活
- サポート付き住宅
- 特別ケア付き住宅
- 介護施設&ナーシングホーム

会話1を活用した
See & Solve

会話2の適用

会話1と2の後に続く
会話3の実践

自立生活を支えるための情報アドバイスとガイダンス

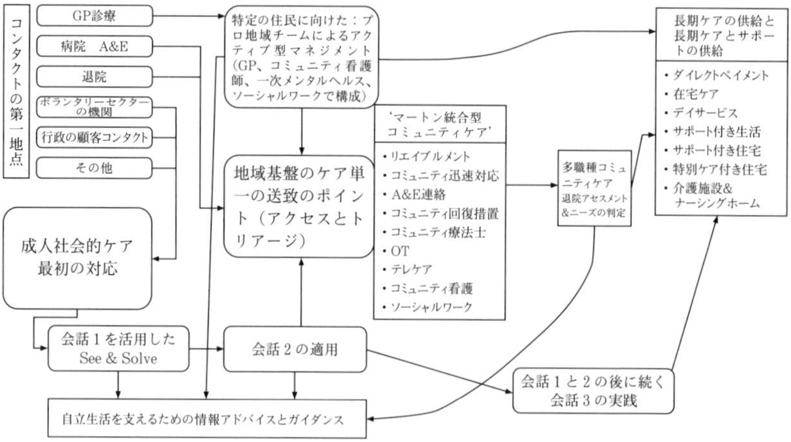

（資料提供者：Claire Migale, Principal Social Worker for Adults, London Borough of Merton）

制度がフォーマリティ、市民社会やコミュニティがインフォーマリティとなる。高齢者ケア計画とコミュニティのつながりでは、マートン区では、社会的処方（social prescribing）という実践概念を設けている。社会的処方とは、クライアントのニーズに基づいてサービスへのアクセスを保証するが、ボランティア・ベースの体操クラス、グループ学習、ガーデニングなどが主となる。日本の介護予防プログラムと相通じるものがある。[27]

3）高齢者ケアのまとめ　ソーシャルワークの復権

　イギリスでは、コミュニティケア改革以前の介護サービスは行政直営のものが多く、利用者は限定されていた。介護施設は救貧施設を活用したものが多く、介護現場の雰囲気は救貧的なイメージを彷彿とさせるものがあった。コミュニティケア改革後は、福祉の普遍化が起こり、民間の介護施設は雰囲気が明るくなり、その意味で市場化は介護現場の雰囲気を一変させた。筆者も民間施設を訪れたことがあるが、明るいイメージを抱いた。最も深刻な課題は介護財源である。利用者負担では、資産価値も考慮され、場合によっては持ち家の売却が条件となる。いわゆる受益者負担の精神は国民の間で支持されている。現在は緊縮財政が断行されており、しかも新型コロナの感染状

況が続いているため、介護財源はさらに逼迫しており、事態は最悪に近い。

　高齢者ケアを含む成人ソーシャルワーク（adult social work）は、過去20年間で前進した。第1に、2005年精神疾患患者支援法（the Mental Capacity Act 2005）の導入は、ソーシャルワーカーが自己決定の能力を欠いている成人に代わって行動し、決定を下すための法的枠組みを提供している。第2に、2014年ケア法（the Care Act 2014）は大きな影響力を持ち、成人のソーシャルケアの実施体制を充実させている。特に大きな変更点として、介護者のケアをより重視している。またセクション42の施行で、虐待やネグレクトを経験しているか、またはそのリスクがあると考えられる場合、地方自治体に調査を行うように求めている。

　緊縮財政により、予防プログラムの支出が大きく削減されてきた。現在のパンデミックはソーシャルケアの支出に劇的な影響を及ぼしており、自治体財源がますます傷むことになると懸念されている。

　マートン区の実践をまとめてみると、ケア法の遵守が基本になっており、同法を基礎にして自治体ケア計画が立案されている。計画の基本は介護市場の保持と発展であるが、税制に依拠する介護財政システムであることから、NHSとの連携もスムーズで、予防事業とうまくかみ合っている。介護予防を徹底することで、介護リスクの拡大を抑制する計画を策定し、実施している。ソーシャルワーカーが「会話アプローチ」を駆使して、住民の健康管理をサポートしているのは、市場外にある福祉専門家の本領が発揮された証である。（参考文献：London Borough of Merton, Social Services for Adults Who can get Community Care services? Explaining the eligibility criteria for receiving help or support from Community Care. February 2006.　Dee Kemp, Discussion Paper, Elderly Care Policy A case study in the London Borough of Merton Adult Social Care, Local Governance Study Session, October 2020）

《まとめ》

　ロンドンは古くて新しいまちである。世界で最も魅力的な都市のひとつで、常にダイナミックな進化を遂げている。経済のエンジンは金融で、そこに観光の魅力が加わっている。緑あふれる公園などは福祉社会の奥深さを支えている。その意味で、コモンズの精神はすたれていない。何より文化都市であり、文化芸術が尊ばれている。

　経済学の視点からは、大都市経済には光と影がある。資本という存在が、都市を生み、都市をつくり変える原動力となる。ロンドンも例外ではない。資本主義の原理は永続的な剰余価値の追求にあり、都市開発と呼ばれる大規模な都市空間の改変は、この剰余を生み出し、さらなる剰余を生産する場として決定的な役割を果たす。その意味で、ロンドンはまさに金融資本主義に基づくグローバル都市である。スタイリッシュなハイタワー・マンションでの暮らしはあこがれの生活様式であるが、同時にそれは商品化され、消費の対象でもある。一方で、資本は選択肢を持たない貧しい人々に目を向けることはなく、むしろ都市から排除し続けてきた。資本蓄積の手段は、大都市では、大規模な都市開発を通して利益を追求する集団と、生活の質を保障されないで、社会的に排除される多数の都市労働者に二分されている。デビッド・ハーヴェイは『反乱する都市』において、資本とアーバナイゼーションの結びつきを解明している。ハーヴェイの著作は必読書である。

　最後に、読者に問いがある。現代のイノベーションは知識基盤型の資本主義であり、資本にとっては知的所有権からの使用が益々重要になると考えられる。これに対し、労働者にとって雇用機会は増減を繰り返して、常に不安定である。この点をどのように考えるのか。

....

参考文献
英文

Bayliss, K. and Gideon. J. The Privatisation and Financialisation of Social Care in the UK, SOAS University of London, Working paper, No. 238, 2020

https://www.soas.ac.uk/economics/research/workingpapers/file150390.pdf
Accessed on October 25, 2020

Care Quality Commission, Key inspection report for Merton, 2010　https://
www.cqc.org.uk/sites/default/files/historic_reports/1-101668076_London_
Borough_of_Merton_1-120437807_Riverside_Drive_0000033994_24032010.pdf
Accessed on October 25, 2020

GLA Economics, *Economic impact on the London and UK economy of an earned
regularisation of irregular migrants to the UK*, Greater London Authority,
2009　https://www.london.gov.uk/sites/default/files/gla_migrate_files_
destination/irregular-migrants-report.pdf　Accessed on November 12, 2020

London Borough of Merton, Social Services for Adults who can get community
care services?, 2006　https://www.merton.gov.uk/assets/Documents/pdf-
who_can_get_community_care_services.pdf accessed on October 28, 2020
Accessed on October 25, 2020

Mayor of London, Girardi, A. and Marsden, J., *GLA Economics, Working
Paper 85 A description of London's economy*, Greater London Authority,
2017　https://www.london.gov.uk/sites/default/files/description-londons-
economy-working-paper-85.pdf　Accessed on November 12, 2020

NHS Merton, Clinical Commissioning Group, 2018　http://www.mertonccg.
nhs.uk/News-Publications/Documents/Merton%20CCG%20Annual%20
Report%202018-2019.pdf　Accessed on October 28, 2020

Mayor of London, LEAP Annual Report 2019/20 Supporting a strong,
prosperous and inclusive city, HM Government, 2019　https://lep.london/
sites/default/files/LEAP_Annual_Report_2019_20_double_spreads.pdf
Accessed on October 28, 2020

和文（翻訳本含む）

サスキア・サッセン（伊豫谷登士翁監訳）『グローバル・シティ―ニューヨーク・
ロンドン・東京から世界を読む』（筑摩書房、2008年）

下條美智彦『イギリスの行政』（早稲田大学出版部、1995年）

デビッド・ハーヴェイ（森田成也・大屋定晴・中村好孝・新井大輔訳）『反乱する
都市　資本のアーバナイゼーションと都市の再創造』（作品社、2013年）

山本隆『イギリスの福祉行財政　政府間関係の視点』（法律文化社、2003年）

──『貧困ガバナンス論』（晃洋書房、2019年）

注

（1）尾崎翔太「英国金融市場が待ち受ける課題と影響」2020年6月5日掲載
https://www.jetro.go.jp/biz/areareports/2020/b8a11e5bcfe97392.html　検
索日2020年11月10日

（2）大英博物館に関する参考資料　https://www.britishmuseum.org/　Accessed on November 2, 2020

（3）ヴィクトリア＆アルバート博物館に関する参考資料　https://www.vam.ac.uk/　Accessed on November 2, 2020

（4）ナショナル・ギャラリーに関する参考資料　https://www.nationalgallery.org.uk/　Accessed on November 2, 2020

（5）テート・ブリテンに関する参考資料　https://www.tate.org.uk/visit/tate-britain　Accessed on November 2, 2020

（6）ハロッズに関する参考資料　https://www.guidelondon.org.uk/blog/shopping/history-of-harrods-department-store-in-london/　Accessed on November 2, 2020

（7）セルフリッジズに関する参考資料　https://www.selfridges.com/GB/en/features/info/stores/london/　Accessed on November 2, 2020

（8）リバティに関する参考資料　https://www.libertylondon.com/　Accessed on November 2, 2020

（9）ハーヴェイ・ニコルズに関する参考資料　https://www.harveynichols.com/　Accessed on November 2, 2020

（10）ジョン・ルイスに関する参考資料　https://www.johnlewis.com/　Accessed on November 2, 2020

（11）ロンドンの失業率に関する参考資料　https://data.london.gov.uk/dataset/unemployment-rate-region　Accessed on February 18, 2020

（12）ユース・エンプロイメントUKに関する参考資料　https://www.youthemployment.org.uk/　Accessed on February 18, 2020

（13）ロイヤルドックスに関する参考資料　https://royaldocks.london/opportunity/londons-only-enterprise-zone　Accessed on February 18, 2020

（14）「ガーディアン紙」参考資料　https://www.theguardian.com/business/2015/jan/28/canary-wharf-timeline-london-building-docklands-thatcher#:~:text=Canary%20Wharf%20takes%20its%20name,City%20of%20London%20after%201987.　Accessed on February 18, 2020

（15）ロンドンLEAPの財源に関する参考資料　https://lep.london/funding-and-support　Accessed on February 18, 2020

（16）成長地域ファンドに関する参考資料　https://www.gov.uk/government/collections/the-growing-places-fund　Accessed on February 18, 2020

（17）ロンドン共同投資に関する参考資料　https://www.london.gov.uk/what-we-do/regeneration/funding-opportunities/london-co-investment-fund-lcif　Accessed on February 18, 2020

（18）準市場とは、公共部門に市場メカニズムを部分的に導入し、競争状態を生むことにより、より効率的で質の高いサービスをつくり出す仕組みを言う。競争原

理が働くが、公的関与もあるため、準市場と呼ばれる。

（19）参照　拙著（2003）『イギリスの福祉行財政　政府間関係の視点』法律文化社

（20）Nick Triggle, 2018, BBC: health correspondent reporting on the NHS and social care　Accessed on October 10, 2020

（21）ADASS Budget Survey 2018　https://www.adass.org.uk/adass-budget-survey-201　Accessed on October 10, 2020さらに次の文献も参考にした。AgeUK ageuk_later_life_uk_factsheet　file:///F:/Age%20UK%20later_life_uk_factsheet%202019.pdf　Accessed on October 10, 2020

（22）「ガーディアン紙」The Gurdian:https://www.theguardian.com/society/2019/sep/19/84-of-care-home-beds-in-england-owned-by-private-firms　Accessed on October 10, 2020

（23）ADASS Budget Survey 2018 ibid

（24）自費で施設ケアを利用する人たちは、公的な制度対象となる人たちよりも、高い料金を支払っている。そのため介護施設側は、私費負担をする利用者を優先的に入所させたいという気持ちがある。

（25）資料提供　Claire Migale, Principal Social Worker for Adults, London Borough of Merton

（26）Making the Shift to Affordable and Sustainable Social Care and Support in Merton Our Joint, Local Adult Services Commissioning Strategy 2010-2013　https://www.merton.gov.uk/assets/Documents/adult_services_commissioning_strategy_consultation-2.pdf　Accessed on October 10, 2020

（27）マートン区のコミュニティケア計画については、Kensington & Chelseaの主任ソーシャルワーカーのDee Kemp氏から追加的な情報を得た。

Ⅳ　ロンドンの社会的企業と社会福祉

《はじめに》

　ロンドンの社会的企業の活動事例をみていく。ピープルズ・スーパーマーケットは市民がボランティアとして店内のスタッフとなり、協同組合方式でスーパーマーケットの運営に乗り出している。独占チェーンのスーパーマーケットへのアピールである。マナーハウス開発トラストは地域で孤立する生活困難者に通いの場や就労支援の場を提供し、彼らのQOLを高めている。貧困問題と闘う社会的企業で、経営でも底力を感じさせる。プリンシーズ・トラストは、チャリティとして企業と連携があり、実践的な就労支援プログラムを提供して、インターンシップ先に就職させている。

《キーワード》

　就労支援、協同組合、社会的企業、パートナーシップ

1　ピープルズ・スーパーマーケット―社会変革の志―

　住民がスーパーマーケットを始めた！　これが食品スーパーのピープルズ・スーパーマーケットである。スーパーマーケットで価格の安さだけを求めるという従来のスタイルではなく、みんなで「分かちあう」ビジネスモデルを実践している。この事業を始めたのは、ローリング・ストーンズのミック・ジャガーの甥、アーサー・ポッツ・ドーソンである。彼はシェフで、食品ロスの問題を懸念していた。2010年5月に、協同組合、会員による自主運営方式で、彼はピープルズ・スーパーマーケットをオープンさせた。

　このスーパーマーケットの特徴では、買い手が売り手にもなるというポリシーである。有給のスタッフが少数であることから、コストダウンが可能と

写真Ⅳ－1　ピープルズ・スーパーマーケットの正面

（筆者撮影）

なっている。また通常バイヤーは卸先やメーカーに値引きの圧力をかけることがあるが、このスーパーはフェアトレード精神で不当なダンピングは一切しない。

　キーワードは、エシカル（ethical, 倫理的）である。第1のポイントは、食品安全。第2は、環境への配慮で、無駄に食材を捨てないこと。第3は、協同組合方式で非営利を貫くこと。第4は、公正な価格での取引。第5は、コミュニティの再生。そして第6は、全員で話しあう熟議の尊重である。

　仕組みは、年会費25ポンドを納めたうえで、月4時間働けば、すべての商品を10％引きで購入できる。スタッフは会員になるとすぐに働くことができる。店内のシフト表の空いているところに自分の名前を書き入れて、レジにつく。

　経営方針はどのように決めるのか？　経営会議の中心は会員で、ボランティア・スタッフが課題を徹底的に議論する。これは熟議というスタイルである。もうけ主義ではなく、消費者や地域のことを考えることが、支持されている。ただし、課題もある。ピープルズ・スーパーマーケットにも価格競争は働いており、近隣他店の価格にあわせなくてはいけない。今の最大のチャレンジは共鳴する会員の拡大である。

写真Ⅳ－2　ピープルズ・スーパーマーケット運営委員
のブライアンと筆者の2ショット

（正野良幸による撮影：地下の事務室にて）

2　マナーハウス開発トラスト―住民運動の底力―

　マナーハウス開発トラスト（Manor House Development Trust）は、住民が地域の諸資源を引き出し、公共空間を用いて参加者の自立を実現させようとする、福祉社会を象徴する社会的企業である。

（1）概　要

　マナーハウス開発トラストはロンドン北部のハックニー区で活動しており、チャリティを基盤とする複合組織からなる社会的企業である。コミュニティの改善がミッションで、運営資金を調達するために小会社を創設し運営している。傘下の組織はすべて保証有限会社（Limited By Guarantee）で、非営利の活動を指向している。株式資本はなく、構成員は株主ではない。[1]

　最大の特徴は、レドモンド・コミュニティセンターという多目的の施設を拠点にした資産ベース（asset based）のマネジメントである。住民に居場所を提供する一方で、失業者または週16時間未満で働いている不安定労働者に無料相談を行っている。また民間企業の要請に応えて、アプレンティスシップ（訓練生）に関する相談、雇用の紹介等を実施している。

（2）背　景

　ハックニー区は第2次世界大戦後に社会住宅を整備し、中流階級の人々が定住した。しかし、良い資材が使われなかったために物件は荒廃し、1980年〜90年代から取り壊しが始まった。地理的特徴として、南側に貯水池があるため開発は進められず、西側はフィンズベリーパーク（公園）があり、東側は工場地帯である。さらに東部は貧困地域で、犯罪の多発地域である。同区は全国的に最も貧しいエリアの上位10%以内に入り、地域再生は喫緊の課題であった。

　2007年に同区は、新たな地域再生計画を策定し、実施に移した。住宅を取り壊し、社会的包摂事業に取りかかったのである。社会住宅の建替えにより、旧住民だけではなく、賃貸住宅に住む新住民が流入してきた。この新旧の住民がうまくミックスせず、孤立化の問題が生じていた。リーマンショック後は、社会資源は限られていたものの、コミュニティ再生を掲げてマナーハウス開発トラストが設立されたのである。

　主宰者のサイモン・ドノバン（Donovan, S）氏は、同区からの任命を受けて、事業を推進することになった。財源は、ロンドン市からハックニー区に交付される補助金である。これは単一再生予算（single regeneration budget）で、地域再生の資金源として知られていたものである。

（3）5つのビジョン

　ハックニー区はいわゆる革新自治体で、積極的な取り組みを行うことで有名である。地域再生のために外部のアクターと契約を結び、区外から企業を誘致してきた。イギリスの地方自治体はその時代の中央地方関係の政治力学の影響を受けるため、好機には補助金等を活用して、社会的企業を開発する。しかし、2010年から始まった保守党政権は緊縮財政を断行しており、地方自治体や社会的企業にとって冬の時代が到来している。

　マナーハウス開発トラストのビジョンは、住民のエンパワメント、住民と組織のつなぎ（コネクト）、居場所等の公共空間の創造、インフルエンサーとしての活動、強固で持続可能な組織育成である。このビジョンを踏まえて、

就労先を拡大し、参加型アプローチを実践し、コミュニティ開発を実現させている。5つのビジョンは、次の通りである。

1）コミュニティのエンパワメント

プロジェクトの開発において、クリエイティブな職業に従事する人たちをサポートしている。例えば、地元の実践家・専門家の育成を支援しており、また住民がスキルを学び、共有できるトレーニングを提供している。

2）つなぎ（コネクト）

公共サービスが地域の諸問題に対応できるように、効果的かつ費用対効果があり、可能な限り多くの住民にサービスが届くように、住民と組織をつなぐ努力をしている。地域住民・コミュニティグループ・広範なネットワークとのつながりを促進している。

さらに、つなぎ事業には次のものが含まれる。①世代およびコミュニティの間のコミュニケーションと結束を可能にするプロジェクトを奨励している。②地元のアーティスト、職人、クリエイティブな団体と地域住民をつないでいる。③芸術作品や芸術活動を通じて、行政や民間機関に対して発言力を持てる人たちを育成している。④住民が専門職的な機会をつかめるようにしている。一つの事例は、生活構築訓練アカデミーで、これは建設業関係で、見習い制度を活用する傘下の社会的企業である。

3）空間の創設

モットーは「すべての空間がコミュニティ財産」というものである。地域住民はレドモンド・コミュニティセンターという空間からサービスを利用しており、同センターは「ベストプラクティス」として国から推奨されている。ボランティアも多く参加しており、共同庭園、ランチクラブ等、開かれた空間となっている。

筆者たちはウッドベリーダウンのコミュニティ庭園を訪問したが、これは「ウェルロンドン」という健康促進事業の一環で、資金はロンドン市から交付されたものである。現在、この庭園は地域住民によって運営されている。

このようにマナーハウス開発トラストの役割は、アドバイスの提供、資金

の調達、ボランティアの受け入れ、マーケティングの実践である。またランチクラブは、レドモンド・コミュニティセンターで 5 年以上にわたり運営されており、地元の高齢者に健康的な自家製の食事を提供している。毎週健康的で手頃な価格の食事をつくっており、地元の貨物バイク企業Wheelytotsと提携し、閉じこもり気味な住民に食事を提供している。

　他にも、レドモンド・コミュニティセンターをハブとして、雇用訓練、様々なワークショップやイベントを開催している。特に人気があるのはヨガ教室である。またハックニー区、ジェネシス住宅協会、ロンドン野生動物信託などのパートナー組織と協力して、ウッドベリーダウンの再開発中にオープンスペースを確保し、積極的に活用している。そこでは公園を新たにデザインし、最新の街路家具を配置して、空き店舗をポップアップ・ショップやギャラリーに転用して、クールな屋外スペースをつくり出している。このように様々なプロジェクトや活動を根づかせるために、近隣スペースの開発を進めている。

4）インフルエンス

　事業の実施後、プロジェクトがどの程度インパクトをもたらしたのか。住民の満足、幸福度を測定するのは難しいが、定期的に事業のフィードバックを実施している。社会的投資利益率（social return on investment, SROI）がネットで表示され、活動の全てを反映させているわけではないものの、成果を可視化する方法である。

5）組織の持続可能性

　社会的企業の経営は財政基盤が弱く、廃業するケースは少なくない。経営資源からみて、寄附だけではなく収益を確保することが重要で、専門的知見を持つ理事会構成員が現状を見極め、将来の方向性を切り拓く任務を負っている。理事は、設立当時 2 名であったが、現在は22名に増えており、アイデアを創出し、予算管理をしている。

（4）強み―創意工夫を凝らしたマネジメントの展開―

　ローカル・レイバー・ハイアー（Local Labour Hire）という子会社のシ

図IV-1　マナーハウス開発トラストの掲げる5つのビジョン

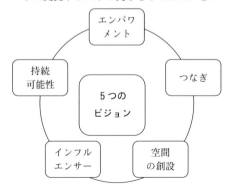

ステムを紹介しておく。現在、マナーハウス開発トラストでは3つの大型契約が進行している。アプレンティス育成を依頼する行政のオファーがあったが、対応が難しい部分があり、小会社を設立して臨むこととした。そこで創設されたのがリクルート会社ローカル・レイバー・ハイアーである。この子会社に実習生を送り、訓練課程を進めている。ここは社会的企業マークを取得しており、プログラム終了後には解散することにしている。こうしたポートフォリオ形式の運営は、求められるタスクに柔軟かつ速やかに対応し、費用効果を最大化する上でメリットがある。

図IV-2　マナーハウス開発トラスト傘下の組織構成（ポートフォリオ・タイプ）

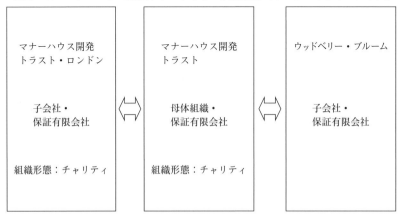

（注：構成図はサイモン・ドノバン氏の示したものを図式化したもの）

　子会社を設けて、組織を細かく分ける理由は、①活動範囲をより明確にすること。②税金対策（ギフトエイドを活用）である。経営効率を高めるために、以前はプロジェクトを立ち上げる際に、コミュニティ利益会社（CIC）を設立していたが、現在はCIO（Charitable Incorporated Organization；チャリティ法人）を活用している。その理由は、一般企業との共同プロジェクトの場合、アセットロック（資産の散逸防止）が必要になるからである。[3]

（5）評　価

　マナーハウス開発トラストはウッドベリーダウン団地を拠点とし、地域貢献を社会起業の手法で展開してきた。不安定な経済情勢にもかかわらず、同組織が生み出す利益は2010年以降500％以上増加している。

　その後、財政事情は目まぐるしく変化してきた。2013年に財政的に独立し、2014年にはハックニー区からレドモンド・コミュニティセンターを賃貸し、60,000ポンドの補助金を受けることができた。この間、コミュニティビジネスを通じて資金を巧みに調達してきた。しかし中央の政治は変わり、ハックニー区は2012年から5年契約で年間6万ポンド、2年契約で年間3万ポンドを交付したものの、その後交付金はゼロになった。せめてもの救いは、同センターの家賃を支払う義務はなく、敷地に係るビジネスレートの軽減も受けていることである。

　この社会的企業は、都市化、貧困化の中で社会的包摂事業を営々と実践してきた。住民主体の原則を徹底させ、住民の声を聞き、住民とともに歩み、経営戦略の技術を駆使しながらコミュニティの利益を実現させている。そのコアには福祉コモンズが位置づいている。

3　プリンシーズ・トラスト―若者就労支援のチャリティ―

（1）概　況

　経済のグローバル競争や地域社会の変容の下で、現代の若者は様々な困難を抱えている。仕事に就けない若者が少なからず存在し、ギグワーカーやニートと呼ばれる者が増えている。彼らは生きづらさを感じており、それ

が自己効力感の低下につながって、中にはメンタルな問題を抱えるケースもある。欧米の先進国では、1980年代以降、無業者のアクティベーション（activation）が重要な政策課題となってきた。特に若者はアクティベーションの対象として位置づけられてきた。[5]

　一方、日本でも若者問題は深刻である。就職を希望しながらも、未就職のまま卒業する若者がいる。また、大卒者の3割、高卒者の4割は、卒業後3年以内で離職している。15〜39歳の無業者の数は、2017年で71万人に達しており、同年齢層の広義のひきこもりの推計数は、2015年の調査で54.1万人であった（平成30年版　子供・若者白書）。[6]

　ニートという言葉を生み出したイギリスの状況はどうであろうか。親の離婚、犯罪、介護（ヤングケアラー）などの影響を受けた若者が教育システムから脱落し、やはり未就労が社会問題になっている。その背景にある格差社会の蔓延も、若者の生きづらさを助長している。貧困家庭で問題が深刻化すると学校へ通えなくなり、また子どものメンタルヘルスも深刻である。拙稿では、このような問題意識に基づいて、日本とイギリスの就労支援プログラムの内容を比較していく。

（2）イギリスにおける若者就労支援—アクティベーション政策の推進—

　イギリスでは貧困層の固定化がみられる。社会流動化を促すために、就労を保障する官民の取り組みが喫緊の課題となっている。ニートの若者（16〜24歳）は80万人存在し、同年齢層の若者の失業率は11.9％で、482,000人が失業している（OECD平均は11.1％で、イギリスの数値はそれをわずかに上回っている）。若者の失業に影響を与える要因は、労働市場の収縮、犯罪、貧困、家族虐待歴などである（*Youth Unemployment Statistics, Briefing Paper Number 5871*）。彼らには効果的な技能訓練、生活相談が必要であることから、政府は対象者個人に合わせた雇用サービスを重視し、民間事業所とサービス契約をかわしている。

　ここではアクティベーションに着目して、継続的な就労を可能にするエンプロイアビリティ開発のプログラムをみていく。就労支援アプローチの特徴

は、パーソナルアドバイザーの活用である。⁽⁷⁾この専門職者が若者に寄り添う。また2000年から、政府は民間営利や非営利の事業所と契約をかわしている。2011年からは、事業所の意欲を引き出すために、出来高払い制を導入している。

　保守党政権の下では、ワークプログラム（2011-2017）が施行されている。そこでは、参加者は民間の事業所を紹介される。18の大手の事業所が全国展開しているが、内訳は民間営利15、公共１、非営利１、民間営利と非営利の混合型１か所となっている。事業所は独自のアイデアを出し、就労計画を実行するが、各々が自由に任されたブラックボックス・アプローチと言われている。

　活動内容は、参加者自身が行動計画を作成し、２週間に一度パーソナルアドバイザーとの定期的なミーティングに出る。イギリスのアクティベーションは、人的資本の育成というよりはむしろ就職活動そのもので、大半の参加者は履歴書作成や求職活動、面接技法に関するアドバイスを受ける。就職後に一度継続的な支援がある（Work Programme Evaluation—Participant Report DWP 2014）。

（3）プリンシーズ・トラストの就労支援プログラム

1）プログラムの概要

　プリンシーズ・トラストは、1976年にプリンス・オブ・ウェールズ（チャールズ皇太子）の名を冠して設立されたチャリティである。この組織は10歳から30歳までの人たちを対象にしており、失業、不登校、ホームレス、メンタルヘルス、犯罪歴を持つ人を含む95万人以上を支援してきた。効果的な就労指導プログラムと参加者への資金援助を通して、75％が就労、教育または訓練への移行に成功している。

　プリンシーズ・トラストの重要な点はパートナーシップという連携組織体にある。約1,200ものパートナー（雇用主）と協力関係を結び、専門学校、消防、軍隊、学校がパートナーとなり、雇用の受け皿を形成している。

　財政の面では、2009／10年で、総収入は約3,600万ポンド、支出は3,800万

ポンド、一方、自主財源は1,800万ポンド、行政からの契約および補助金は1,400万ポンド弱である。なお、補助金は緊縮財政のあおりを受けて最近減少傾向にある。

２）チーム・プログラム

このプログラムは1990年の実施以来、213,000人以上の参加者を受け入れてきた。12週間の工程で、英語と数学のスキルを向上させ、自信を高める工夫がなされ、新しいスキル（チームワーク、問題解決、リーダーシップなど）を習得し、全国的に認められた資格を習得するように設計されている。

（ｉ）１週目

初日に約12人のグループをつくり、活動を通して新しい仲間と交流する。職業生活でのつながりの大切さを知る機会となる。

（ⅱ）２週目

新しい活動に挑戦し、チームで他の参加者と協働する。自宅から離れて、１週間の旅行に出る。ボートや登山、ハイキングなどのグループ活動は、チームワークや対人関係、リーダーシップのスキルを学ぶように設計されている。

（ⅲ）３〜６週目

チームは地域貢献活動の具体案を決め、それに対する募金活動を実行する。一つの例として、読書が難しい10代の若者に対して、年齢に応じた本を地元の学校に寄付する。

（ⅳ）７〜８週目

プレースメントが決定され、それまで磨いてきたスキルが実際の場面でどのように役立つかを検討する。特定の仕事や企業を想定して、将来のキャリアの目標を決める機会となる。

（ⅴ）９週目

履歴書を作成し、面接スキルを身につける。この段階は職業へのレディネスとなる。自信が持てず、スキル不足の若者を後押しする機会となる。

（ⅵ）10〜11週目

　地域貢献に向けたさらなるチャレンジに向き合い、自分の力がどこまで形成されたかを確認する。

（ⅶ）12週目

　最後に、プレゼンテーションを行う。パフォーマンス力を磨き、自身を客観的に評価し、自己肯定感を持てる機会となる。

　このプログラムの終了後には、75％の参加者がカレッジコースに進むか、就職できている。[（8）]

　こうしたチーム・プログラムから、重要な４つの要素がみてとれる。第１は、「アクセスと刺激（インスピレーション）」である。パートナーの雇用主と若者を引きあわせることで、参加者は外の世界を知ることができる。日常生活から離れることで、非生産的な習慣から脱却する効果性を持つ。第２は、「スキルの構築」である。会計処理、チームワーク、リーダーシップ、人前でのスピーチは創造的な能力を開発させる。第３は、「自信の確立」である。チーム活動からプレゼンテーションまで一定の訓練を踏まえて、自信不足を克服できるように配慮している。第４は、「資格の取得」である。ハンズオンの職業訓練とキャリア・アドバイスは、キャリア形成に役立つ。経営や出版に関する資格を取得できるが、これは確かな雇用への道筋となる。

　これらのステップを経て、参加者は一般就労に向けてテイクオフしていくのである。プリンシーズ・トラストの良さは、こうしたシステム化されたプログラムの用意と実施にある。

３）プリンシーズ・トラストの就労支援プログラムのまとめ

　若者就労支援をまとめたものが表１である。政策の観点からは、イギリスは民間主導による就労支援を進めており、まさに即戦力育成型である。これに対し、日本はメンタル面の配慮がきめ細かではあるが、雇用創出を含めて政策の手詰まり感は否めない。

４）プリンシーズ・トラストの評価

　第１に、若者問題は国の最大の政策課題で、政府も若者の能力開発を進めて、人材を広く活用したいという認識を持っている。第２に、若者の就労支

表Ⅳ-1　就労支援プログラムのまとめ

プログラム項目	プリンシーズ・トラストのプログラム内容
モラル（精神的心理的）サポート	○1週目⇒12人のグループを結成し、活動を通して新しい仲間と交流する。アドバイザーによる詳細なプランニングを行い、各個人が達成したい目標を確認し、希望する資格を取得する方法を考案する
	○2週目⇒参加者は新しい課題に挑戦し、他の参加者とチームを組み、家から離れて1週間の旅行に出る
基礎的就労支援	○3～6週目⇒チームによる地域貢献プロジェクトの企画と募金活動
	○7～8週目⇒プレースメントと、仕事の場面でのスキルの試行
	○9週目⇒履歴書の作成と面接スキルの実践練習
実践的就労支援	○Get into Programme⇒パートナーの雇用主と協力し、約4週間のプログラムの実施
一般就労のアドバンスト・プログラム	DHL, Street Eliteなど多くの一般就労プログラムが用意されている
政策目的	若者のエンプロイアビリティの向上と雇用の流動化

（筆者作成）

援では、学校の成績を上げることを目的化せず、個々人に自信をつけさせるために、スポーツやアクティビティなどの社会参加に力点を置いている。第3に、就労支援プログラムではエンプロイアビリティを意識して、自分のスキルを高め、成果をおさめながらステップアップしていくように工夫されている。デジタルスキルの習得が重視されており、就労支援プログラムでもIT技術の指導が盛り込まれている。第4に、プリンシーズ・トラストは、多くの企業とネットワークを形成しており、就労支援では参加者と対話を重ねながら、必要な職業訓練を実施している。この就労支援のあり方は、教育から就労への橋渡しの見本である。

4　補論―廃業する社会的企業―

　社会的企業の廃業はめずらしくなく、特に以下で説明するレストラン業界では安定した経営は難しい。社会貢献をする飲食関係の事業者に対して、サポートする人たちは支援を惜しんではならない。

（1）フィフティーン（Fifteen）─カリスマ・シェフの野望と挫折─

　フィフティーンは、世界的な有名シェフのジェレミー・オリバーが始めた社会的企業である。ミッションは、レストラン・ビジネスで若者のキャリアアップを支援し、社会的に自立させることである。16〜24歳のニートやホームレスの若者を積極的に雇い入れ、18か月間の職業訓練を行っている。彼らには、言葉遣い、礼儀作法など生活の基本から、シェフ、ウェイター、ウェイトレスとしての必要なスキルまでを身につけさせている。

　フィフティーンは会社形態で事業を運営しているが、フィフティーン財団（Fifteen Foundation）という上部組織はチャリティ団体である。この上部組織がメンタルケア、生活相談などを行っているのがミソである。

　フィフティーンが始まったきっかけは、2002年から放映が始まったテレビ番組「ジェレミーのキッチン」である。職業訓練やレストラン開業までのストーリーは視聴者を引きつけ、当時の人気番組となった。2002年11月のオープン時には連日長い行列ができたという。2010年のことであるが、筆者も予約を半年前にとり、学生と一緒に訪れた。

　フィフティーンのエピソードを紹介しておきたい。失業していたギャビン・ゴードンさん（当時22歳）はフィフティーンでシェフになる訓練を受けた。彼は貧しい家庭に育ち、高校で問題を起こして退学してしまった。車の修理工見習も経験したが、興味を感じられずに辞めてしまった。ゴードンさんは言う。「ここのプログラムでジャガイモ畑に行き、農家が食材にかける情熱を知った。それを無駄にしたくない。前なら『情熱』なんて言葉を聞くと、頭がおかしいんじゃないか、と思ったけどね」と。

　フィフティーン財団で訓練の責任者を務めるトニー・エルビン氏は「仕事に情熱と自信を持たせ、自分の足で歩かせる。ニートを社会から排除せずに、取り込んで労働市場に戻す方が社会のためにもなる」とインクルージョン論を語った。イギリスでは、一般企業が投資しない貧困地域に、あえて拠点を置く社会的企業も多い。フィフティーンのように地域の雇用創出に果たす役割はとても大きい。（朝日新聞2007年1月7日）

（2）BBC News「人気シェフ、ジェイミー・オリヴァー氏のレストランが破産　1,000人失職へ」（2019年5月22日）

〈記事〉

　イギリスの人気シェフ、ジェイミー・オリヴァーが経営するレストラングループが破産し、管財人の管理下に入った。これにより1,000人が失職する。氏は「影響を受ける人たちにとってどれだけ困難な事態か認識している」と語った。

　またツイッターで、「イギリスの人々に愛されていた私たちのレストランが管財人の管理下に入ったことにショックを受けている。この事態を深く悲しんでいる。何年もの間、このビジネスに心血を注いでくれた全ての人に感謝したい」と述べた。

　管財人は声明で、「当グループは先に、経営への追加投資を確保する手続きに着手していた。ジェイミー・オリヴァー氏は年初より、資金集めのために追加で400万ポンド（約5億6,000万円）を提供していた」と説明した。

　国内ではジェイミーズ・イタリアン、フィフティーンなど25店舗を経営していたが、うち22店舗が閉店している。イギリスの最大労組ユナイトは、氏のレストラングループの破産について、「このチェーンで働く勤勉で献身的な労働者にとって衝撃的な打撃だ」と語った。「ジェイミー・オリヴァーズのように急速に拡大した企業は特に不安定だが、現在の経済の先行き不透明感は、飲食産業にとって逆風だ。経営陣の決断で大きな負担を強いられるのは、いつもレストランやサプライチェーンで働くスタッフだ。」

　イギリスの繁華街では、厳しいビジネス環境が続いている。氏のレストラングループもここ2年苦戦を強いられており、すでに多くの店舗が閉鎖されていた。2017年にはレストラン「ユニオン・ジャックス」の事業が閉鎖されたほか、10年近く発行していた雑誌「ジェイミー」も廃刊した。氏は同年12月にも、私財300万ポンドを経営再建に投じていた。（英語記事：Jamie Oliver chain collapse costs 1,000 jobs　https://www.bbc.com/japanese/48361162　検索日2020年11月21日）

《まとめ》

ピープルズ・スーパーマーケットは、巨大スーパーマーケットのTescoの向こうを張って、エシカル重視の参加型社会的企業として注目された。ただし、実際に何度も訪問してみたが、注目度に陰りが出ている。今後は、存続のためにソーシャルマーケティングをうまく展開する時期に来ている。マナーハウス開発トラストは順調に成長しており、事業を他のバラにまで拡張している。ドノバン氏の経営才覚のたまものである。今後の推移を見守りたい。最後に、プリンシーズ・トラストはチャリティとして社会から信用を得ており、若者就労で成功事例を生み出している。ただし詳細な情報を得ようにも、ホームページからは細かな実績データは出てこない。アカウンタビリティの観点から、情報公開に徹して、福祉社会からの信頼の拡大につなげてほしい。

以上、本章では、社会的企業やそのオルタナティブ（チャリティ、NPO、協同組合、連帯経済）の活動をみてきた。そこで、読者に尋ねてみたい。こられの戦略はどこまで福祉社会で有効なのか？　または限定的にしか成功していないのか？　グローバル化と市場化の激しい波にさらされて、社会的企業の目標は最終的には達成できないのか？　この点をどのように考えるのか。

参考文献

Bridge, S., Murtagh, B. and O'neill, Understanding the Social Economy and the Third Sector, Palgrave Macmillan,2009

Defourny, J., Hulgård, L. and Pestoff, V. Social Enterpirse and the Third Sector, changing European landscapes in a comparative perspective, Routledge, 2014

Denny, S. and Seddon, F. (eds.) Social Enterprise accountability and evaluation around the world, Routledge, 2014

Paton, R., Managing and Measuring Social Enterprises, Sage, 2003

Pearce, J. Social Enterprise in Anytown, Calouste Gulbenkian Foundation,

2005

Ridley-Duff, R. and Bull, M. Understanding Social Enterprise theory and practice, Sage, 2011

Uluorta, H. M., The Social Economy working alternatives in a globalizing era, Routledge, 2009

佐藤慶幸『NPOと市民社会　アソシエーション論の可能性』（有斐閣、2002年）

山本隆編著『社会的企業　もうひとつの経済』（法律文化社、2014年）

山本隆『貧困ガバナンス論』（晃洋書房、2019年）

注

（1）構成員は、会社が清算される場合に弁済する会社債務に対して、あらかじめ定められた金額を支出することを引き受けるとされている（出典：ジェトロ「2015年イギリスにおける企業設立について」）

（2）ギフトエイドは税制優遇制度で、チャリティは、個人の寄附に係る所得税の基本税率分（20％）に相当する還付を内国関税歳入庁から受けられる。例えば、100ポンドの個人の寄附は、税引き後100ポンドを得るのに必要な所得額である125ポンド（125ポンド×（100％－20％）＝100ポンド）となるように、25ポンドがチャリティに還付される。2000年税制改正で、ギフトエイドはより簡便な手続きで利用できるようになっている。従来の最低寄附額（250ポンド）は撤廃され、1回限りの寄附もギフトエイドとして認められるようになった。マナーハウス開発トラストはウッドベリー・ブルームなどの子会社を所有しているが、会計年度末には、ウッドベリー・ブルームが利益をマナーハウス開発トラストに寄付することができ、マナーハウス開発トラストはこの「寄付」に対して贈答品を請求することができる。

（3）コミュニティ利益会社は2005年に施行された法的形態で、社会的企業の創設のために設けられたものである。その活動がコミュニティの利益に資するよう設計されており、その登録は「コミュニティ利益テスト」を受けて、監督官が承認する条件が課されている。

（4）ギグ・エコノミーという言葉は今や定着した。それは不安定就労を意味しており、イギリスでは「0時間契約」というその日限りの請負が一部に広がっている。雇用主が規定の労働時間を提示する義務がないか、または仕事自体がない場合に生じる。

（5）アクティベーションとは、失業者や無業者を労働市場に参入させるための就労インセンティブの強化、就労支援、技能訓練を盛り込んだ政策を指す。

（6）総務省が2012年10月に実施した調査では、就業希望の若年無業者が求職活動をしていない理由として、病気・けがや勉強中の者を除くと、「知識・能力に自信がない」、「探したが見つからなかった」、「希望する仕事がありそうにない」といった回答であった。また引きこもりの定義は「ふだんは家にいるが、近所のコ

ンビニなどには出かける」、「自室からは出るが、家からは出ない」、「自室からほとんど出ない」、「ふだんは家にいるが、自分の趣味に関する用事の時だけ外出する」に該当する者である。

（7）パーソナルアドバイザーは、学習や就職に関わる悩み、薬物やアルコールなどの問題にいたるまで幅広い相談や情報提供を継続的に行う。

（8）プリンシーズ・トラストの就労支援プログラムに関する参考資料　Get Into, Get experience with Get into, The Princes Trust　https://www.princes-trust.org.uk/help-for-young-people/get-job/get-experience　Accessed on February 6, 2020

V　都市の盛衰と再生・英国北西部

> イングランド北部を走るノーザン鉄道に乗車して、リバプール、マンチェスター、ソルテアに向かうことにする。産業革命をたどる鉄道の旅である。ノーザン鉄道は1830年の開業で、その一部が今も運行しているが、かつては織物原料とその製品を蒸気機関車で運んだ。リバプールとマンチェスターの間を列車で走ると、車窓の景色から産業革命時代に想いをはせる。今新たな産業革命が起こっているが、昔の産業革命も人々の生活や働き方を激変させた。リバプールは世界遺産に登録され、都市再生を果たしている。マンチェスターはかつて産業革命の中心地で、今もイギリス第二の都市である。ソルテアは産業遺産として世界遺産に登録されている。

1　観光事業による都市再生・リバプール

《はじめに》

　リバプールは世界遺産としてよみがえった港湾都市で、マージー河を抜きにしては語られない。音楽のまちで、誰もが好きになる都市である。1960年代には、マージー・ビートと呼ばれた若者音楽が世界を席巻した。サッカー（イギリスではフットボールと呼ばれる）も世界的に人気があり、ファンを熱狂されている。かつてこの港湾都市は西インド諸島、北アメリカとの三角貿易で富を築き、18世紀以降、繁栄をほしいままにした。国際都市として栄えたが、この地に海外の労働者がさまざまな音楽を持ち寄り、多様な音楽を生み出した。ビートルズのロックンロールもアメリカのアフリカ系ミュージシャンの影響を強く受けたものである。産業、景観、歴史的建造物、リバプール・サウンドはこの都市を魅力あるものにしている。このような豊かな資源をもとにして、2004年に世界遺産に登録された。その大都市の機能につ

いて、前半は、経済・行政・商業・芸術文化で、後半は、福祉と雇用のジャンルでみていく。

《キーワード》

　産業革命、ポップカルチャー、ウォーターフロント、観光資源、地域企業パートナーシップ

....

（1）経済・行政・商業・芸術文化

1）概　況

　リバプールはイギリスで2番目の大きな貿易港である。ロンドンからは、ユーストン駅から乗車し、リバプール・ライム・ストリート駅に向かう。移動時間は約2時間15分で意外に早い。

　リバプールはマージー河の東側に広がり、別名は「マージーサイド」と呼ばれる。17世紀まで小さな港町だった。

　英国の人たちの間では、リバプールは「アイルランドの首都」と呼ばれる。アイルランド系の人たちが多いからである。まちに入ると、14世紀頃からシンボルであるスリー・グレース（美の神）が観光客を迎えてくれる。アルバート・ドックの北にある埠頭、ピアヘッドには3つの荘厳な歴史的建造物が並んでいる。港を背にして、右から、セントポール大聖堂を模したリバプール港ビル、ライバーバードを奉る2つの塔のロイヤルライバー・ビルとキナード・ビルがみえてくる。これらがスリー・グレースである。まちのシンボルはライバーバードで、この鳥が飛び去ったとき、リバプールは海に沈むと言い伝えられてきた。

　リバプールの人々は親しみやすく、親切である。北部独特の早口の英語で話すが、これは‘ノーザンアクセント’（Scouse）として知られている。

　リバプールの歴史については、アメリカのバージニア州や西インド諸島との貿易により、18世紀に飛躍的に発展を遂げた。まちを歩けば、18世紀の大英帝国時代をしのばせる建造物が目に入ってくる。しかし第二次世界大戦以降、まちには失業者があふれ、活気は失われていった。そのような苦境の中、

都市再生の鍵を握ったのが観光業であった。

　歴史情緒あふれる街並みがあり、博物館や美術館などの文化資産が豊かで、2004年に港湾地区が世界遺産に登録された。また、2008年には欧州文化首都になった。その後も再開発が進み、変貌したリバプールは旅行者に人気の都市となっている。近年では、ビートルズに代表される音楽やサッカーのまちとして活況を呈しており、若いエネルギーに満ちあふれている。未来に向けて、歴史と新しさがさらに融合されて、魅力的な都市へと進化している。

２）再開発のウォーターフロント

　ウォーターフロントはアルバート・ドックの開発で生まれ変わった。都市再生の核として大成功をおさめ、ショップやレストラン、ホテルをはじめレジャー・コンプレックスを形成している。この再開発計画は大成功である。

（ⅰ）マージーサイド海洋博物館

　屈指の人気観光スポットとなっている。かつて世界有数の港町として栄えたリバプール港の歴史にスポットを当てた博物館である。アルバート　ドックの中心に位置し、リバプールの壮大な海運史を知ることができる。奴隷貿易やアイルランド系の移民、タイタニック号やルシタニア号の海難事故などの展示がある。[(2)]

（ⅱ）テート・リバプール

　ロンドンのテート・ブリテンの分館である。7万点の収蔵品がある。16世紀から現代の作家に至るまで、常設展示の作品があり、企画展も成功している。過去にはシャガールやモネ、ピカソといった美の巨人の回顧展が開催されたほか、新進気鋭のアーティストの作品の展示も行ってきた。アンディ・ウォーホル、ジャクソン・ポロックの絵画などのユニークな美術コレクションから、大規模な展覧会が催されている。[(3)]

（ⅲ）国際奴隷博物館 [(4)]

　国際奴隷博物館は、マージーサイド海事博物館の3階にある。奴隷貿易の反省を念頭に置いて、2007年に開館している。18世紀の奴隷船が修繕、復元され展示されているが、臨場感を醸し出している。過去の最大規模の強制移

民、大西洋奴隷貿易に関する展示品があり、写真の数々をみていけば、奴隷
貿易の廃止から何十年も経った今日においても、異なる形で奴隷制が存続し
ていることを思い知らされる。

　博物館内の3つのセクションを見学すると、奴隷の生活をよく理解するこ
とができる。西アフリカの村で、どのようにして人々が奴隷にされたかを知
ることができる。また、南北アメリカ大陸のプランテーションへ労働者とし
て送られた途中での悲惨な大西洋横断の旅も知ることができる。何百年もの
間、奴隷たちが耐え忍んだ過酷な体験と、彼らの勇気の物語を身をもって認
識することができる。また奴隷貿易においてリバプールが果たした役割と、
それが市にもたらした影響にも触れている。

　キャンペーン・ゾーン・ギャラリーも必見である。このギャラリーは、現
代における奴隷制度をテーマとしており、展示コレクションは現代における
抑圧と搾取に抵抗する戦いについて語りかけてくる。大規模な労働移民は、
特定職業と出身地とを受け入れ国で結びつける傾向にある。今も、Black
Lives Matterがアメリカで始まり、世界中に大きなうねりを呼び起こしてい
る。なお、読者は、スティーブ・マックイーン監督作品『それでも夜は明け
る』(12 Years a Slave) を観ておくとこの問題の奥深さを知ることができる。

（ⅳ）ビートルズ・ストーリー

　ビートルズの活動の歴史を知ることができる。見学はオーディオガイドに
従って進む形式で、ビートルズの結成から解散まで年代順に説明してくれる。
ショップでのビートルズ・グッズの購入も楽しい。スコアーブックは買いで
ある。

3）文化都市戦略

（ⅰ）欧州文化首都

　2008年に「欧州文化首都（European Capitals of Culture）」に選出され
ている。このステータスを活かした形で、年間を通して多数のイベントを開
催している。欧州文化首都とは、EU域内で、文化を通して相互理解を深め
る目的で指定された都市をいう。リバプールは2008年の「欧州文化首都」に

選ばれているが、そのメリットは大きい。欧州文化首都の開催が都市にもたらすレガシーとしては、①都市の再生、②国際的な知名度の高まり、③住民の間での都市に対するイメージの向上、④都市の文化への新たな息吹の注入、⑤観光産業の活性化である。この動きを踏まえて、2009年に、文化・メディア・スポーツ大臣によって「英国文化都市」の構想が発表された。「英国文化都市」は、英国の都市の中から、特定の年に、1年を通じてイベントを開催する都市を選定する。リバプールではビートルズのリンゴ・スターによるミュージカルを皮切りに、ポール・マッカートニーのコンサート、リバプール生まれで、ベルリン・フィルとリバプール・フィルを指揮する指揮者サイモン・ラトルがコンサートを開催している。

（ⅱ）セントジョージ・ホール

　リバプール中心部のライムストリートに位置しており、200年前に建てられた新古典主義様式の最高傑作の建築物である。建物内にある豪華な内装は見る者を圧倒する。1854年の開館以来、リバプールの裁判所としても活用されており、コンサートホールとしても使われている。[7]

（ⅲ）ウォーカー・アート・ギャラリー

　リバプールの中心部にあり、ライム・ストリート駅から徒歩圏内に位置する。「北のナショナルギャラリー」と呼ばれて親しまれている。19世紀前半、地元の名士ウィリアム・ロスコーの私有美術品コレクションから始まっている。ギャラリーはイギリス最大規模で、重要な美術コレクションを収蔵している。ラファエル前派から近年の絵画まで、すばらしい美術品を展示している。

　またルネサンス時代の傑作や、チューダー朝時代の肖像画、ビクトリア朝時代とラファエル前派のコレクションを含む、500年の時代にまたがる傑出した美術品を収蔵している。彫刻やファッションも鑑賞でき、ルシアン・フロイド、ブリジット・ライリー、バンクシーなど現代アーティストの作品は愛好家にはたまらない。[8]

　バンクシーはシニシズムの天才である。英国を拠点とする覆面のアーティ

ストで、その素顔はわからない。政治活動家、映画監督としても有名である。風刺のきいたストリートアートは、独特のステンシル技法で描かれる。落書きには社会問題の提起が盛り込まれており、そのセンスは抜群である。彼の政治および社会批評の作品は、世界各地のストリート、壁、および都市の橋梁に残されている。最近、日本でも「バンクシー展　天才か反逆者か」が開催された。それぞれの作品に込められた意味はとても深く、彼のアートを通して、感じることと考えることを大切にしたい。[9]

（ⅳ）カウンティ・セッションズ・ハウス

　リバプールのイズリントンの近くにあり、ウォーカー・アート・ギャラリーの東側に位置する。イギリスの国家遺産リストに指定されたグレードⅡの指定建造物として登録されている。[10]

（ⅴ）ワールド・ミュージアム・リバプール

　リバプールの中心部に位置しており、人気の自然史博物館である。1851年以来、リバプールの文化的景観において中心的な役割を果たしてきた。常設展示は、自然史、人類史、宇宙の3つのセクションに分かれている。見どころは水族館とプラネタリウムである。[11]

（ⅵ）リバプール大聖堂

　リバプールのランドマークで、英国国教会系の大聖堂として最大の大きさを誇っている。1903年にジャイルズ・ギルバート・スコットにより設計され、1904年に着工し、1978年に完成している。大聖堂内にはイギリスで最大のパイプオルガンがあり、メインホールは数世紀にまたがる傑出した美術品の宝庫になっている。中央塔の頂上からは、リバプールの街並みを眺望できる。精霊礼拝堂（ホーリー・スピリット・チャペル）でも、素晴らしい美術品の数々を鑑賞するのがうれしい。礼拝堂はスコットの設計図には含まれていなかったが、祈禱するキリストの姿が描かれたパネルは大聖堂のハイライトになっている。[12]

（ⅶ）メトロポリタン大聖堂

　モダン建築の大聖堂で、地元の人々に「パディーの大テント」と呼ばれて

いる。大聖堂を最初に設計したのはエドウィン・ラッチェンス卿で、第2次世界大戦の勃発と資金不足のため、建設工事は一時暗礁に乗り上げた。1960年に建設計画は再始動し、複数の建築家を招いて設計コンペが行われた。最終的にはヒースロー空港を設計したフレデリック・ギバード卿の案が選出され、1967年に大聖堂は完成した。中に入ると、長い廊下と豪華なステンドグラスの窓がひときわ目を引く。[13]

4）音楽のまち　ビートルズ

　港町リバプールで誕生したザ・ビートルズは、音楽のみならず、世界の文化すら変えた伝説的バンド。キャバーンクラブで活動をはじめ、延べ292回のギグをこなした。メンバーは、ジョン・レノン（リズムギター）、ポール・マッカートニー（ベース）、リンゴ・スター（ドラム）、ジョージ・ハリスン（リードギター）。特にジョンは妻のオノヨーコと京都を訪れており、嵐山や老舗の珈琲店にも立ち寄っている。まさに日本人には身近な存在でもあった。ビジュアルでも抜群だが、ジョン、ポール、ジョージの作曲能力は比類なき才能である。

（ⅰ）マシュー・ストリート

　リバプール・サウンドの聖地で、ビートルズを生み出した有名な通り。狭

写真Ⅴ-1　マシュー・ストリート

（筆者撮影）

い通りだが、デビュー前のビートルズが出演していた「キャバーンクラブ」
で有名なリバプールの名所。メンバーが通っていたthe Grapesはビートル
ズ行きつけのパブ。ビートルズ・グッズを扱うビートルズ・ショップもある。
また、ジョン・レノンの銅像がある。ビートルズ・ファンはこの地の訪問は
mustである。感激すること間違いない。界隈をふらっと歩くと、若い頃の
ジョン・ポール・ジョージ・リンゴが現れて、彼らに会えるような錯覚に陥
る。

（ⅱ）キャバーンクラブ

　ビートルズの足跡を辿ることのできる観光スポットの一つ。ビートルズが
結成間もない頃に、数多くのギグをこなし、演奏の腕をあげた。元の場所か
ら少し離れたところに移って、営業を再開している。オーナーもステージで
ギターを弾いて歌うことがある。この老舗ライブハウスには海外からのビー
トルズファンたちが立ち寄る。客の年代層は広く、時代を共有してすぐに仲
よしになる。

　店内は若かりし頃のビートルズの写真が並んでおり、ファンにはたまらな
い。レジェンドのギターなどの楽器が寄贈されており、それらが所せましと
展示されている。最近の事情であるが、新型コロナウイルスの影響で存亡が

写真V-2　キャバーンクラブ

（筆者撮影）

危ぶまれている。オーナーは政府の文化復興基金に支援を申請しており、認められなければ廃業となる可能性があるという。

5）スポーツ

　フットボールは世界的に有名である。リバプール・フットボール・クラブ（リバプールFC）は、リバプールをホームタウンとし、イングランドプロサッカーリーグに加盟する強豪プロサッカークラブである。愛称はレッズ。アンフィールド・スタジアム。

　熱狂的なサッカーファンが多いリバプールの街にあるアンフィールド・スタジアムは、1892年の創設以来、リバプールFCの本拠地となっている。スタジアムの前にはイギリスで最高の監督の１人とされるビル・シャンクリーの銅像が立っており、また、名選手で名将だったボブ・ペイズリーをたたえて名づけられたペイズリー門がある。収容人数は45,000人強で、試合では大歓声に包まれる。スタジアムには４つのスタンドがあり、中でも有名なのがスパイオン・コップで、熱狂的なサポーターたちの席で占められている。

　試合開始前と終了後に歌われるクラブ愛唱歌（Anthem）「ユール・ネバー・ウォーク・アローンYou'll never walk alone」は名曲である。「あなたは決してひとりではない、僕たちがついているから」という内容で、この歌詞は心を揺さぶる[14]。シャンクリー・ゲートの最上部にはYou'll Never Walk Aloneの文字が刻まれており、リバプールFCのエンブレムにもこの文字が冠されている。

6）交通アクセス　ジョンレノン国際空港

　かつては「スピーク空港」という名称であったが、ジョン・レノンを称えて、2002年「リバプール・ジョン・レノン空港」という名称に変わった。空港内にはジョン・レノンの銅像が建っている。

（2）雇用と福祉

1）若者就労支援と社会的企業

　リバプールはイギリスで最も貧しい都市のひとつで、貧困エリアの中には、３人に１人が貧困ライン以下の生活をしている。貧困者の中でも若者

が貧困の罠から抜け出せない。筆者は社会的排除対策局（Social Exclusion Unit）を訪問したことがある。社会的排除という言葉はフランスで使われ始め、ヨーロッパで普及した。EUでは、若者の失業を「社会的排除」につながると捉え、寄り添い型の対策を講じている。社会的排除対策局のスタッフいわく、「若年失業は、単に仕事がないということにとどまらず、貧困、社会的孤立、犯罪や疾病、社会保障の権利の喪失など、重大な問題に発展していく。特に発達段階にあり、職業経験を積みながら社会関係を広げていくべき年齢における失業は、社会生活上孤立し、社会的排除という事態に陥り、人間の尊厳を失っていく」と。（NHKスペシャル ワーキングプアⅢ）

　今は縮小されたが、コネクションズ（Connexions）という若者就労支援の組織があった。この組織にパーソナル・アシスタント（personal assistant）と呼ばれる支援員が、最盛期では全国で9000人配置されていた。日本の若者サポートステーションのモデルにもなっており、その役割は若者たちに働きかけて、寄り添い型で支援にあたり、職業訓練の機会を提供することである。こうした職業訓練に協力する社会的企業に対して、ブレア政権時代には補助金の交付や税制面の優遇措置がなされた。また、職業訓練生には最低賃金に見合う給与が与えられ、職業訓練の間も安心して訓練に専念できるようにした。これはアプレンティスシップ、見習い制度で、今も続いて⁽¹⁵⁾いる。

　ここで、社会的企業キャリア・コネクト（Career Connect）の事例をみ⁽¹⁶⁾ておきたい。これは、リバプール市内の14歳から17歳で、情緒面で問題を抱える若者を対象にして、教育や職業訓練に参加させる就労支援組織である。プログラムを通して、安定した雇用を得るために、必要な技能や資格の獲得を支援している。自らが自己成長を持続できるように促し、安定した雇用へとつなげる独自のプログラムを実施している。組織概要は以下の通りである。⁽¹⁷⁾

（ⅰ）委託形態

活動期間：3年

資金調達額：140万ポンド

行政主体：内閣府・労働年金省・司法省

（ⅱ）成果指標

　プログラム対象者の年齢に応じて異なる指標を採用している。年齢は、①14歳から15歳では、学校での態度の改善、出席率の改善、課程外の対人関係に関する技能講習の修了など。②16歳以上では、学業成績、雇用成果、初期雇用（13週間）、雇用継続期間（26週間）。（Career Connect　2015年4月）

　イギリスの若者の社会的排除対策では、環境や福祉など社会的に直接貢献している社会的企業に対して、成果主義の形で、国から企業に補助金が出され、一人当たりに給付金支援が提供される。イギリス全体で100,000社を超える社会的企業があり、多くの若者が就労支援プログラムの恩恵を受けている。

２）リバプールシティリージョン地域企業パートナーシップ（LEP）

（ⅰ）若者就労支援事業の展開

　若者に雇用を提供することで、就労支援は完結していく。リバプールシティリージョンの地域企業パートナーシップ（LEP）は、企業と市民のリーダーを結集させて、民間セクター主導の成長と雇用創出を目指している。この組織の焦点は、地元で生活し、就業し、学習する人々の支援体制を構築するところにある。同時に、都市の経済的繁栄を進めるために社会的投資を行っている。⁽¹⁸⁾

　リバプールLEPでは、都市が持続的な成長を遂げられる明確なビジョンを確立している。政策文書「BuildingourFuture：Liverpool City Region Growth Strategy」は、市の公的な資産、行政能力、将来計画に基づき、主要な成長セクターが提供する経済、雇用の成長のチャンスを最大化することに重点を置いている。

　別の政策文書「私たちの未来を築く：リバプール市地域の成長戦略」では、次の通り、主な成長セクターが列挙されている。①高度な製造。②デジタルとクリエイティブ。③金融および専門サービス。④健康と生命科学。⑤低炭素エネルギー。⑥海運・物流。⑦観光経済。このように地域経済を成長させ

るという目的を掲げて、就労支援プログラムを開発している。そこでは特定の経済成長に向けた技能を育成し、成長の優先順位をつけた技能と能力が各セクターに活かされるという方針となっている。キャリア教育と情報、アドバイスとガイダンスは、雇用と技能の獲得するために効果的で、重要な優先事項となっている。

（ⅱ）地域プロジェクトの概要

リバプールシティリージョン（LCR）には、ハルトン、ノウズリー、リバプール、セフトン、セントヘレンズ、ウィラルの６つの地区に140以上の中等学校／大学がある。2017年７月には、５人の企業コーディネーターとともに、110の企業アドバイザーが配置されており、個別にマッチングされた110の学校を含むLCR企業アドバイザー・ネットワークを着実に発展させている。

また、以下の組織の企業コーディネーターが、リバプールシティリージョンの管轄でプロジェクトを実施している。

キャリアコネクト

セフトン教育ビジネスパートナーシップ（EBP）

セントヘレンズ商工会議所

ウィラル商工会議所

コーディネーターは、LCR全域でそれぞれ協働しており、多くの学校と企業アドバイザーを担当している。学校と企業を結びつける分野が重要とされ、専門家組織で構成されるパートナーシップアプローチには、次の利点が明らかにされている。①地域内で適切な専門知識を最大限に活用する。②従業員のトレーニングの期間を効率化する。③強い信頼関係を構築することで実践に移行させる。④マッチング資金の増額により、LCR全域の執行能力を高める。

経済開発を支援するプログラムにおいて、さまざまなパートナーが協働することは、まさにリバプールシティリージョンLEPが採用しているアプローチである。地域成長ハブ（Local Growth Hub）は、企業に必要なアド

バイスとサポートを提供しており、特に資金調達と技能に関連する企業向けの情報を与えている。企業コーディネーターとアドバイザーは、地域成長ハブを活用して企業アドバイザー・ネットワークをうまく動かしており、学校のキャリア・技能の養成事業と連動させて、卒業後のビジネス業界への参加機会を用意している。

　地域企業パートナーシップは定期的に会合を開いており、市全域のプログラムの進捗状況を確認し、最新情報を共有している。強力なネットワーク体制の下で、学校は企業、キャリア、エンプロイアビリティ戦略に定められた目標の達成に努めている。

　最後に、リバプールの社会データをみておくと、以下の通りである。いずれも重要な指標で、喫緊の政策課題である。

就労体験の場を提供する雇用主　42％

就労のイメージを提供する雇用主　22％

17〜18歳の就労の準備が不十分（雇用主の報告）　28％

就労の準備が不十分な16歳（雇用主の報告）　42％

16〜17歳のニート　7％

見習い制度に就いている18歳　6％

無料の学校給食の生徒　22％

また、資金提供を受けた組織は以下の通りである。

Career Connect

Engineering UK

The Manufacturing Institute

The Ideas Foundation

Founders4Schools

Your Life＆MyKindaFuture

WorldSkills UK

（参考資料：Liverpool City Region Local Enterprise Partnership（LEP）

https://www.careersandenterprise.co.uk/partnerships/liverpool-cityregion-local-enterprise-partnership-lep　Accessed on October 28, 2020）

小　括

　リバプールはやはりビートルズのまちである。このまちに足を踏み入れれ
ば、ビートルズ音楽に触れられる期待感を抱いてしまう。また、何よりも風
光明媚な都市で、マージー河をみて、ウォーターフロントを歩くと、気分は
爽快になる。うれしいのは、まちの人々が優しいことである。アイルランド
系イギリス人は日本人のメンタリティと共通したところがあり、癒してくれ
る。リバプールは観光都市として成功しており、観光戦略の中心に文化を据
えている。しかしながら、イギリスで貧困率ワーストグループに入るリバ
プールでは、慢性的で深刻な貧困を抱える地域があり、地域再生への努力は
やまない。

2　地方最大の都市・マンチェスター

《はじめに》

　マンチェスターはかつての産業革命の中心地で、この節では、今の姿をみ
ていく。このまちの歴史は、ローマ時代に建造された砦にさかのぼり、まち
の名前はラテン語でマムシウム（Mamcium）に由来する。シンボルの蜂の
マークは、マンチェスターの人たちが蜂のように働くイメージを象徴してい
る。産業革命の中心地で、綿工業の機械化により生産能力を飛躍的に高めた
ことで知られている。現在では、ロンドンに次ぐ金融の中心で、ポップカル
チャーの発信基地でもある。また音楽とサッカーでは、リバプールとライバ
ルである。

《キーワード》

　産業革命、イギリス第二の都市、労働者のまち、音楽とポップカルチャー、
地域企業パートナーシップ

（1）経済、行政、博物館、ポップカルチャー

1）概　況

　マンチェスター市（City of Manchester）は、イングランド地方北西部に位置する面積約116k㎡、人口約55万人の都市である。アーウェル・ベドロック・アークの３つの川の合流点に位置している。かつては産業革命の拠点となった工業都市であったが、工業の衰退とともに産業構造の転換も進み、現在は商業、観光、芸術、教育などの街である。一度ロンドンからの遷都論もあったが、立ち消えた。

　マンチェスターに行くにはロンドンのユーストン駅からピカデリー駅へと乗車し、所要３時間以内である。中心部はアーウェル川とロッチデール運河に挟まれたエリアで、湖水地方への経由地点となる。マンチェスター国際空港があり、ノーザンの人たちはこの空港を利用して、海外に出る。市街にはLRT（Light Rail Transit）のメトロリンクや無料バスのメトロシャトルが走っている。

　周辺部も含めたエリアは、「グレーターマンチェスター（Greater Manchester）」と称され、その人口は約270万人に達する。さらに広域圏では、マンチェスター市の中心部から自動車で１時間圏内には700万人が居住しており、イングランド北部の中核エリアでもある。

2）行　政

　地方政府機能を持つ「マンチェスター・シティ・カウンシル」は、リーダー内閣制を採用している。1974年に交通、開発計画、消防・救急、ゴミ処理等の広域行政を担う大都市圏カウンティとして「グレーター・マンチェスター・カウンティ・カウンシル」が設けられた。しかしその後、廃止されている。

　2011年には、「グレーター・マンチェスター合同行政機構（Greater Manchester Combined Authority）」が設置されている。権限移譲の事項は、2012年３月に中央政府とGMCAが締結した「都市協定（City Deal）」に盛り込まれている。広域的な事務への対応のため、「グレーターマンチェスター自治体

協会」（Association of Greater Manchester Authorities）が任意組織とし
て設けられている。

　グレーターマンチェスターという広域自治体の場合、大都市ディストリク
トではマンチェスター、サルフォード、ボルトン、バリー、オールダム、ロ
ッチデール、ストックポート、テイムサイド、トラフォード、ウィーガンが
含まれる。

　グレーターマンチェスター自治体協会の主な役割は、経済開発、開発計画、
住宅、交通、環境などの分野について、広域的な戦略の立案・調整とともに、
中央政府と欧州連合（EU）に対して、グレーターマンチェスター地域を代
表することである。ただし、その権限は限定的である。

　2008年に、グレーターマンチェスター自治体協会は中央政府下の「コミュニ
ティ地方自治省（Department for Communities and Local Government)」
と多地域連携協定（Multi-Area Agreement）を締結している。この協定は、
主に地域経済の成長を促進することを目的にており、複数の自治体が行政区
画を超えて連携するものであるが、これを契機にして、グレーターマンチェ
スター地域を「マンチェスター都市圏」と称するようになった。

　「グレーターマンチェスター合同行政機構」は都市圏に法的地位を付与し
た最初の事例である。これにより、1986年の大都市圏カウンティの廃止以来、
大都市ディストリクトのみの一層制となっていたグレーターマンチェスター
地域に、法的地位を有する広域行政体が置かれることとなった。この機構の
主な役割は、経済開発、地域再生、交通の各分野の政策調整である。大阪府
と大阪市を統合する「大阪都構想」はその産業政策の位置づけが弱かったが、
行政の広域化による産業の浮揚は興味深いテーマである。

　「グレーターマンチェスター合同行政機構」の権限については、最高意思決
定機関である理事会の下で、計画・住宅、環境、保健などの各委員会が分野
別に設置されている。例えば「グレーターマンチェスター交通局（Transport
for Greater Manchester)」は、1992年開業のLRTのメトロリンクの所有と
外部委託による運営や、バス・鉄道事業者への支援、道路管理に関する一部

の業務等を行っている[(19)]。執行機関としての「グレーターマンチェスター交通局」に対し、その企画運営を担うのが「グレーターマンチェスター交通委員会（Transport for Greater Manchester Committee）」である。ここには、「グレーターマンチェスター合同行政機構」を構成する10の自治体の議員の中から任命された合計33名[18]の委員が参加している。

他のグレーターマンチェスター合同行政機構にかかる都市協定の内容は以下の通りである。

（ⅰ）中央政府からの自治体補助金や民間部門からの資金をプールし、地域の優先事項に取り組むプロジェクトに投資するためのファンドを設置する権限を持つ。このファンドの収支の均衡化を目指し、自立的で持続的な資金調達の仕組みを確立する。

（ⅱ）中央政府、EU、民間部門からの資金を最大限に有効活用し、経済成長を促進することを目的として、「グレーターマンチェスター投資計画（Greater Manchester Investment Framework）」を策定する。

（ⅲ）「都市アプレンティス制度・職業技能ハブ（City Apprenticeship and Skills Hub）」を創設し、アプレンティス制度の活用を図り、中央政府の奨励金などにより、中小企業がより多くの就労支援プログラムへの参加者を受

写真Ⅴ－3　マンチェスター市役所（左が八木橋慶一氏）

（筆者撮影）

104

け入れるよう支援する。これらは、地域企業パートナーシップとかかわり、後で雇用創出と就労支援の事業をみていくことにする。（参考文献：鎌田司「欧州内で対等の競争力目指す―英国で拡大する都市の成長戦略―」『都市とガバナンス』Vol.21、2014年）

3）科学産業博物館

　1830年に、マンチェスターとリバプールの間に開通した世界最初の旅客鉄道の駅舎を利用した博文館。ジョージとロバートのスティーブンソン親子によるプラネット号のレプリカを展示している。かつて世界を大変革した輸送技術を紹介している。マンチェスターが産業界で中心的役割を果たしていることは、「エア・アンド・スペース・ギャラリー」（航空宇宙展示）の長距離海上パトロール飛行艇など、マンチェスターで開発され生産された製品の展示からわかってくる。

　また「レボリューション・マンチェスター・ギャラリー」では、テーマ別音声ガイドがあり、そこから多くの情報を得ることができる。マンチェスターが新産業、新事業を立ち上げた過去を知ることで、この地の成り立ちとその創造力のすごさがわかる。「ザ・メイキング・オブ・マンチェスター・ギャラリー」で設けられた展示では、ローマ帝国時代から現在までのマンチェスター人の生活を知ることができる。「テキスタイル・ギャラリー」の織物展示では、編組や機織法を試すこともできる。

　一部の展示には、動作シミュレーターが組み込まれ、4次元シアターでは、動く座席や空気の噴射、水スプレーの利用で臨場感が演出されている。最新映画の先駆けである。このように鉄道関係の展示はもちろん、飛行機などの乗り物、水力やガス、電気などのエネルギーなどのアトラクションも興味深い。[20]

4）アート

（ⅰ）ノーザン・クオーター地区のポップカルチャー

　ノーザン・クオーター地区はマンチェスターの市内中心部の少し北東にある。この地区はジェントリフィケーションのスポットで、かつては治安の悪

い地域であった。しかし今では、'いけてる'トレンド発信基地に変身している。1990年代の大規模な再開発の後、この地域は音楽とファッションの中心地となっている。

　市内中心部とは異なる活気ある通りで、アナログレコード店やストリートアート、インディーのブティックがある。トレンディなブティックやレストランは、活気あるマンチェスターのノーザン・クオーターを象徴している。

　かつてはデパートだったアフレックスでは、赤レンガ造りの建物の各フロアーに魅力的なセレクトショップがたくさん並んでいる。何十年も昔の漫画本やボードゲームも購入でき、リチャード・グッドオール・ギャラリーではさまざまなオルタナティブ・アートを見つけることができる。

（ⅱ）オイ・ポロイ（Oi Polloi）

　ノーザン・クオータートにあるメンズ向けのセレクトショプである。2002[21]年に、ティブ・ストリートに最初の店舗がオープンし、その後トーマス・ストリートに移転して現在に至っている。2015年には、ロンドンのソーホーに2店舗目となる新店舗をオープンしている。ファッション専門誌も発行しており、ポップカルチャーのクールな発信拠点である。（参考資料：「Oi Polloi（オイ・ポロイ）は、イギリスのManchesterを拠点とするセレクトショップ」 https://ninjamoto.wordpress.com/2017/10/02/oi-polloi/　検索日2020年10月30日）

（ⅲ）ナイト＆デイ

　ナイトクラブであるが、ライブミュージックの会場を設けている。新人バンドがステージにあがって、抜群のパフォーマンスを披露してくれる。ここから巣立った有名バンドは数知れず、オアシスやストーン・ローゼズも含まれる。また、In the Cityという音楽イベントの週には、マンチェスター・ドリームを叶えようと、新人バンドが登場する。まさに新人バンドにとっては登竜門で、プロのスカウトが訪れる[22]。

5）スポーツ　サッカーの本場

　マンチェスター・ユナイテッド・フットボール・クラブは、マンチェス

ターをホームタウンとする。イングランドプロサッカーリーグに加盟する
クラブで、クラブカラーは赤である。愛称は赤い悪魔（the Red Devils）。
ホームスタジアムはマンチェスターのオールド・トラッフォードにある。

（2）雇用と福祉

1）社会的企業　ティーンズ・アンド・トドラーズ（Teens and Toddlers, チャリティ）

　グレーターマンチェスター域内の14歳から15歳の子どものうち、学業成績
が芳しくなく、様々な問題を抱えて、教育・雇用・職業訓練に従事しないリ
スクの若者を対象としている。信頼、責任感の醸成や職業体験、コミュニ
ケーション・技能の向上など多様な支援を提供している。最初のプログラム
対象者は161人で、改善がみられた。[(23)]

（ⅰ）委託形態

活動期間：３年

資金調達額：90万ポンド

最大支払額：300万ポンド

行政主体：内閣府・労働年金省・司法省

（ⅱ）成果指標

　プログラム対象者の年齢に応じて異なる指標を用いている。①14歳から15
歳：学校での態度改善、出席率改善、課程外対人関係技能講習の修了など。
②16歳以上：学業成績、雇用成果、初期雇用（13週間）、雇用継続期間（26
週間）。（Teens and Toddlers　2015年４月）

2）グレーターマンチェスター地域企業パートナーシップ（Greater Manchester Local Enterprise Partnership)

　マンチェスターの地域企業パートナーシップは、住民と企業のニーズをマ
ッチングさせ、市の経済成長と生産性を高めることを目指している。雇用と
技能の‘エコシステム’を構築する政策理念を貫いている。[(24)]

　具体的には、次の事業テーマを想定している。①学校は、キャリア選択に
関する優れたアドバイスとガイダンスを提供する。②若者と労働市場と綿密

に結びつけ、若者の意欲を駆り立てるように働きかけ、キャリアパスを構築することを目指す。③雇用主は、教育と技能のシステムの形成に積極的に取り組み、就労支援に対する責任を負っている。④住民は、雇用と技能の選択に役立つサポートを受けられ、雇用に就き、職場に定着できるように、適宜一括されたサポートを利用できる。

このようにグレーターマンチェスター全域の就労支援戦略を通じて、学校の場面での就労支援の課題に対処するために、多額の投資を行っている。特に中等学校（セカンダリースクール）はリーダーシップを高め、文化の変容[^25]を進めるために、戦略的ワークショップのプログラムを設けている。そこでは、157人以上の校長、40人の上級教育スタッフ、400人の学校と大学のスタッフが参加している。このように戦略の中心は教育支援となっている。

近年先にみた都市協定が自治権を拡張しており、都市の存在感が増している。マンチェスターでも、都市協定が規定するように、就労支援や見習い制度をサポートするため、200万ポンドの投資を行っている。協定の内容は都市（圏）によって異なるが、例えば学校、教師、保護者に対しては、見習い制度をサポートする「見習いアンバサダープログラム」を

写真V－4　マンチェスターの市街

（出典：報告書Building a Greater Manchester, making a Greater Britain）

展開している。また、学校や大学の卒業生向けのサポートをする団体は、Career Connect、Positive Steps Oldham、Greater Manchester Learning Provider Network（GMLPN）である。[26]

3）地域プロジェクトの概要

　若者就労支援の詳細になるが、企業アドバイザー・ネットワーク（Enterprise Adviser Network）の活動は、キャリア教育、情報、アドバイス、ガイダンスといった就労支援プログラムと緊密に連携しており、特に以下に焦点を当てている。[27]

　①キャリア教育、情報、アドバイス、ガイダンスに向けた戦略を強化し、生徒と保護者を就労支援プログラムに参加させるために、必要なリソースを学校に提供する。②学校に地元企業を紹介する。若者が向学心、将来の希望、企業が求めるレジリエンスを育てる支援プログラムを提供する。③就労リサーチとカリキュラムと結びつける形で、最新の地域の労働市場の情報を活用する。

　なかでも、マンチェスターの戦略で興味深いのは、プログラムの初期段階と後期段階を表す２つの「ワーク（就業）ストリーム」を設けていることである。「ワークストリーム１」はマンチェスター全域の20の学校との初期の取り組みへの配慮である。その対象は、就労支援への取り組みを意識する学校として選定され、ネットワークモデルを踏まえて、優れた実践を積み重ねていく仕組みである。

　「ワークストリーム２」はプログラムの初期段階から得られた実践と教訓を活かしたネットワークモデルを強化する。就労支援活動への関与が少ない学校を参加させて、さらに参加学校の数を拡大させていく仕組みである。

　最後に、マンチェスターの社会データをみておくと、以下の通りである。いずれも重要な指標で、喫緊の政策課題である。状況はリバプールと似ている。

就労体験の場を提供する雇用主の割合　37％
就労をイメージさせる機会を提供する雇用主の割合　20％

就労の準備が不十分な17〜18歳の割合（雇用主の報告）　32％

就労の準備が不十分な16歳の割合（雇用主の報告）　38％

16〜17歳のニートの割合　6.8％

見習い制度に就いている18歳の割合　5.8％

無料の学校給食の生徒の割合　20％

　また、資金提供を受けた組織は以下の通りである。

Career Connect

Engineering UK

The Manufacturing Institute

The Challenge

The Ideas Foundation

Founders 4 Schools

Your Life & My Kinda Future

World Skills UK

参考資料

Building a Greater Manchester, making a Greater Britain: GREATER MANCHESTER'S PLANS FOR A FAIRER, GREENER, GROWING ECONOMY, Greater Manchester Local Enterprise Partnership

　Web Local Enterprise Partnership Manchester　https://translate. google.com/translate?hl=ja&sl=en&tl=ja&u=https%3A%2F%2Fwww. business-live.co.uk%2Feconomic-development%2Fgreater-manchester-local-enterprise-partnership-19303095&anno=2&prev=search　Accessed on October 30, 2020

小　括

　マンチェスターは、かつて産業革命を進めた工業都市である。今もなお、経済・商業・文化・教育の中心地で、イギリス第二の都市である。行政の面では、分権および権限移譲の動きを強めており、また８つのコア・シティのリーダー格として政治的な影響力を保持している。都市の連携は広域圏のガ

バナンスが重要となり、日本の都市制度改革に示唆的でもある。

　マンチェスターのイメージは労働者のまちであるが、人々は小じゃれた服装を身に着け、そのセンスは悪くない。今も工業の先進地であるが、ポップカルチャーと観光、サッカーは世界に売り出せるクォーリティを備えている。時代を先取りする感覚は鋭く、まちは活気にあふれている。問題は格差社会の側面を持ち、貧困対策は急務である。特に衰退地区において、地域企業パートナーシップの成果が期待される。

3　世界遺産のまちソルテア

《はじめに》

　ソルテアは、19世紀に地元の企業家ソルト卿がつくった総合都市である。織物工場で働いていた労働者のために、雇用の場、住宅、教会、学校を一体化させたモデル・ビレッジであった。その建造物は世界遺産に登録されている。

《キーワード》

　産業革命、ソルト卿、労働者のまちづくり、世界遺産

....

（1）概　況

　ノーザン鉄道で旅して、ブラッドフォードから列車で約15分のところにソルテア（Saltaire）がある。19世紀の産業革命の時代にヨークシャーの羊毛産業の経営者タイタス・ソルト卿が、1851年にこのまちを建てた。ソルテアという名前は、ソルト卿とエア川の名前を組み合わせたものである。[(28)]

　ソルト卿は自身が所有する織物工場で働く労働者のために、住居や教会、学校を含めた総合的都市を建設した。思えば、壮大な計画である。彼の経営する5つの工場をブラッドフォードからこの地に移し、労働者を移住させて、リーズ＆リバプール運河と鉄道のそばに大きな繊維工場を建設した。彼の労働者保護の精神と、生産性を高める意図が垣間みえる。

　ソルト卿は労働者のために石造りの家、水道を備えた洗面所、浴場、病院、レクリエーションと教育、図書館、読書室、コンサートホール，体育館を

次々と建てた。これはまさにモデル・ビレッジである。まち全体にビクトリア朝様式の建物が並び、その整然とした景観が2001年にユネスコの世界遺産に登録されることになった。また、まちの通りは、ソルト卿の家族の名前がつけられている。ただし、パブはない。

（2）ソルツ・ミル

　ソルテア駅を出たところにソルツ・ミル（Salts Mill）がある。これはソルト卿が1853年に、50歳のときに建てたうすいオレンジ色をしたレンガ造りの紡績工場である。かつてはソルテアの中心をなす工場であったが、現在はその跡地にアートギャラリーやカフェなどで構成される複合施設になっている。ソルツ・ミルからビクトリア・ロードを南に行くと、学校や病院がみえてくる。

（3）ソルテア合同改革教会

　ビクトリア朝の建築物が並ぶ世界遺産のまちソルテアを代表する建築物で、芝生の庭園に建っている。円柱形の建物に丸い塔という取り合わせになっている。

小　括

　ソルテアは、19世紀の産業革命の時代に、羊毛産業の経営者タイタス・ソルト卿が建てたモデル・ビレッジである。彼の織物工場の務める労働者のために、住居、教会、学校などを移転させた。まち全体にビクトリア朝様式の建物が並び、見事な景観をなしている。特に質の高い住宅、雇用システム、レクリエーション、教育施設、社会サービスを組み合わせたモデルタウンは、19世紀の都市計画の画期的な例である。ソルテアのまちと関連の住宅地区は、ユネスコの世界遺産に登録されており、ヨーロッパ産業遺産のアンカーポイントである。

4　補論―世界遺産のまちニューラナーク―

《はじめに》

　社会起業家の祖ロバート・オーウェンは、19世紀に、スコットランドに流

れるクライド川の周辺に労働者のためのモデル・ビレッジを建設した。集合住宅、保育所や学校、協同組合が整備され、それは社会企業家によるユートピア社会主義の実験であった。今も工場村落は保存されており、世界遺産に登録されている。

《キーワード》

　産業革命、オーウェン、労働者のまちづくり、世界遺産

（1）社会改良への途

　ソルテアの後は、完全平等を夢見たオーウェンのユートピアの地を訪れてみたい。世界遺産のニューラナークは、スコットランドのエディンバラとグラスゴーの中間から南に位置する。社会主義思想家で、社会改良の実践家でもあったオーウェンが社会改良の実験として模範的共同体を建設したのがニューラナークである[29]。

　近くのクライド川の流れを利用した水力紡績工場を中心とするこの工場村落は、1784年にデヴィッド・デイルが建設したものであった。オーウェンはこの村をデイルから買い取り、1800年に独自の「協同社会論」に基づく社会改良実験に着手した。そして1817年には、「新社会論」を著し、反響を呼んだ。

　当時のヨーロッパの背景をみておくと、18世紀後半から産業革命により社会は大きく変化した。衣・食・住、働き方や余暇の過ごし方まで、現代の暮らしの原型が形成された時代である。同時に、働き手は工場の賃金労働者となり、長時間かつ奴隷のような状態で働くことを強いられた。

　産業革命が始まると、資本家や経営者たちは多くの利益を求めて、長時間・低賃金で労働者を働かせた。「労働」と「労働力」は異なるが、人は労働力の源泉とされたのである。

　1840年代のヨーロッパでは、産業革命が生んだ社会のひずみが拡大していた。現代では有名メーカーのデニムは低価格で販売されるが、実はその生産は先進途上国での児童労働や危険労働に依存している。産業革命後の時代に

は、景気と不況が繰り返され、庶民には貧困の嵐が吹き荒れた。人々は人間の尊厳を奪われ、不当な労働を強いられていた。機械化によって、熟練した技術が不要となり、賃金の安い女性や子どもたちが多く採用された。単に彼らは使い捨ての労働力として酷使されていたのである。

急激に人口が集中した都市はインフラが追いつかなかった。上下水道の整備が不十分なことから、生活環境は不衛生で過酷なものであった。コレラをはじめとする伝染病が流行し、犯罪や貧困なども社会問題となっていた。また栄養状態もきわめて悪く、この時代の労働者の平均寿命は20歳に満たなかったという。

（2）福祉社会のフロンティア

オーウェンはニューラナークの工場経営者となったが、すでに過酷な労働者の実情を目の当たりにしていた。彼は環境改善に利益をつぎこみ、労働条件の改善に努めた。14〜15時間に及ぶ長時間労働をやめさせて、労働時間を10時間に短縮し、10歳以下の子どもの労働を禁止した。この改良活動は工場法の先駆けとなっている。

また、清潔な集合住宅（ミルワーカーズ・ハウス）を建設した。この建物はベージュと茶で統一されており、落ち着いた色合いである。当時1家族・1部屋であったものが、2部屋となり、平均世帯人数である7人家族が衛生的で快適な環境で暮らすことができた。この住宅は今も人気で、入居希望が殺到しているという。オーウェンは村内に店舗を開き、原価に近い価格で商品を提供した。これは協同組合の先駆けである。

ニューラナークの実験で画期的なのは教育改革である。幼稚園の発祥の地がニューラナークで、今も建物はきれいに保存されている。[30] 1816年に開設した「性格形成学院」では、世界初の幼稚園をはじめとして、小学校、成人学校などが設けられた。当時18か月を過ぎる頃に子どもは働く準備に入り、10歳で工場に出るのが習わしであった。そのような慣習をやめて、施設内に学校を設け、基本学習からダンスまで学ばせる環境をつくり出したのである。

福祉を充実させた工場は生産性を上げ、事業も成功した。オーウェンの改

革は、やがて労働者を保護する法律の制定や労働組合の設立など、大きな社会変革に繋がっていった。その改革は、居住条件の改善、賃金の引き上げと労働時間の短縮、生活規律の維持と住民・子どもの教育、さらには生活物資の協同購入などに及んだ。人間の性格は環境によって形成されるとする「性格形成論」を提唱したが、改革の第一の柱は、住民を良好な生活に導く教育にあった。

　しかしオーウェンは工場法で児童労働を禁止したことから、周囲から先鋭的だとの反発を受けた。これを契機にして事業を家族に譲り、1824年にニューラナークを離れた。彼はさらにユートピアを求めてアメリカに赴いたのである。

　紡績工場の経営では彼の思想が受け継がれ、1968年まで存続した。その後、工場村は放置され荒廃していたが、ニューラナーク保全財団（1974年設立）によりテーマパークとして復興した。2001年にはユネスコの世界遺産に登録され、思想の実験場、働く者にとっての永遠の記念碑として今も残っている。（参考文献：長谷川貴彦『世界史リブレット116　産業革命』山川出版社、2012年）

小　括

　オーウェンの功績は、工場村の社会改良を進めつつ、労働者の働く意欲と生産性を向上させて、自らの事業も成功させたことだった。ニューラナークは、やがて国内最大規模の紡績センターに成長した。格差社会の今、完全平等を目指したオーウェンの福祉思想は尊い。児童教育・住宅改善・学校・協同組合はこの地から始まるが、社会科学を学ぶ者にとって原点の場所である。新産業革命の今、ニューラナークは人間の顔をした経済の大切さを問いかけている。

……………………………………………………………………………………

《まとめ》

　リバプールもマンチェスターも地方の大都市である。それぞれの魅力を備えて、人々をひきつけている。都市としての持続可能性は大きな課題であり、

将来投資を効果的に進めていく必要がある。ただしリバプールには深刻な貧困エリアがあり、教育と雇用の改善により、市には若者に就業機会を拡大する責任がある。マンチェスターも活気のある大都市であるが、さびれたエリアも点在する。この手詰まりを打開するために、社会、経済の内発型の発展が求められており、これら2つの都市でも教育と雇用の改善を通して、若者に就業機会を拡大する必要がある。

　ニューラナークはオーウェンが産業共同体のモデルを生み出した地域である。彼は、優れた設計に基づき、必要性に応じた労働者住宅を建てた。それらは精神的・物理的な必要性を改善するよう設計された公共建造物である。

....

参考文献
英文
Blakeley, G. (2016) *The Regeneration of East Manchester: A Political Analysis*, Manchester University Press

Greater Manchester, GREATER MANCHESTER'S PLANS FOR A FAIRER, GREENER, GROWING ECONOMY Building a Greater Manchester, making a Greater Britain 2020　http://gmlep.com/news/gm-lep-webinar-to-reveal-blueprint-for-a-fairer-greener-growing-economy　Accessed on November 15, 2020

Greater Manchester Local Enterprise Partnership　http://gmlep.com/　Accessed on November 7, 2020

Liverpool City Region Local Enterprise Partnership　https://www.liverpoollep.org/　Accessed on November 7, 2020

Lorente, P. ed. *The Role of museums and the arts in the urban regeneration of Liverpool*, University of Leicester, 1996

Lupton, R., Hughes, C. *Achieving Inclusive Growth in Greater Manchester what can be done?* University of Manchester, 2016　https://hummedia.manchester.ac.uk/institutes/mui/igau/IGAU-Consultation-Report.pdf　Accessed on November 15, 2020

Lupton, R., Hughes, C., Macdougall, A., Goldwyn-Simpkins, H. and Hjelmskog, A. *Inclusive Growth in Greater Manchester 2020 and beyond Taking stock and looking forward*, The University of Manchester and Joseph Rowntree Foundation, 2019 November　http://documents.manchester.

ac.uk/display.aspx?DocID=46396

Tim Dixon, T., Otsuka, N. and Abe, H. *Cities in Recession: Urban Regeneration in Manchester（England）and Osaka（Japan）and the Case of 'Hardcore' Brownfield Sites*, RICS Education Trust and Kajima Foundation, 2010

和文

小玉徹「マンチェスターにおける『都市再生』」大阪市立大学『季刊経済研究』Vol.26，No.3，2003年

村木美貴「都市再生における民間活力推進のための連携に関する一考察―リバプールの都市再生に着目して―」日本都市計画学会都市計画論文集、Vol.49，No.3，2014年

注

（1）リバプール・アンド・マンチェスター鉄道（Liverpool and Manchester Railway）は、世界で最初の実用的な鉄道である。1830年開業。ほとんどの区間で蒸気機関車が牽引する都市間旅客輸送鉄道であった。リバプール・マンチェスター鉄道は、リバプールの港とマンチェスターとその周囲の北西イングランドの町の工場を結んで、原料と製品をより高速に輸送できるように建設された。

（2）リバプール美術館に関する参考資料　https://www.liverpoolmuseums.org.uk/　Accessed on October 26, 2020

（3）テート・リバプールに関する参考資料　https://www.tate.org.uk/visit/tate-liverpool　Accessed on October 26, 2020

（4）国際奴隷博物館に関する参考資料　https://www.visitliverpool.com/things-to-do/international-slavery-museum-p138901 Accessed on October 26, 2020

（5）欧州文化首都に関する参考資料　https://uneecc.org/european-capitals-of-culture/history/　Accessed on October 26, 2020

（6）1985年に始まり、30年以上にわたり続く「欧州文化首都」は欧州連合（EU）における最もよく知られた文化事業の１つ。「ヨーロッパの各都市や地域が持つ特色ある文化を人々が共に祝福する」という目的を以て開始された。欧州文化首都は、現在では日本をはじめ世界100か国以上のアーティストが参加するグローバルな取り組みに発展しており、開催都市では１年を通して多様な文化芸術プログラムが展開されている。

（7）セントジョージ・ホールに関する参考資料　https://www.stgeorgeshallliverpool.co.uk/　検索日2020年10月26日　Accessed on October 26, 2020

（8）ウォーカー・ギャラリーに関する参考資料　https://www.liverpoolmuseums.org.uk/walker-art-gallery　Accessed on October 26, 2020

（9）バンクシーに関する参考資料　https://banksyexhibition.jp/　Accessed on October 26, 2020

（10）カウンティ・セッションズ・ハウスに関する参考資料　https://www.

liverpoolmuseums.org.uk/walker-art-gallery/county-sessions-house
Accessed on October 26, 2020

(11) ワールド・ミュージアム・リバプールに関する参考資料　https://www.
liverpoolmuseums.org.uk/world-museum　Accessed on October 26, 2020

(12) リバティ大聖堂に関する参考資料　https://www.liverpoolcathedral.org.
uk/　Accessed on October 26, 2020

(13) メトロポリタン大聖堂に関する参考資料　https://www.liverpoolmetrocathedral.
org.uk/　Accessed on October 26, 2020

(14) You'll Never Walk Aloneは、1945年のミュージカル『回転木馬』のために
リチャード・ロジャーズとオスカー・ハマースタイン2世によってつくられた楽
曲である。ジェリー＆ペースメーカーズのジェリーは、1985年に結成されたザ・
クラウドでリードボーカルを担当し「ユール・ネバー・ウォーク・アローン」を
発表している。彼はこのギャラを1985年のブラッドフォード・サッカー場火災の
被災者への見舞金に充てた。社会貢献に熱心な彼は、1989年にシェフィールド
のヒルズボロー・スタジアムで発生した群集事故の際にも被災者支援のために
「マージー河のフェリーボート」を再レコーディングしてリリースしている。こ
の曲はUKチャートで3週連続1位を獲得しており、今も聞けば名曲である。

(15) イギリスのコネクションズに関しては、次のサイトを参照すること。
https://www8.cao.go.jp/youth/kenkyu/ukcon/index.html　Accessed on
October 26, 2020

(16) キャリアコネクトに関する参考資料　https://careerconnect.org.uk/
Accessed on October 28, 2020

(17) グレーターマージ―サイド・パートナーシップに関しては、次のサイトを参照す
ること。　https://www.liverpoolchamber.org.uk/memberlisting.aspx/show/2285

(18) リバプールLEPsに関する参考資料　https://www.liverpoollep.org/
Accessed on October 28, 2020

(19) マンチェスターと郊外を結ぶ路面電車で、バリーとアルトリンカムをつない
でいるが、マンチェスター国際空港までの延伸が進んでいる。メトロポリタンは
公共交通の要になっている。

(20) 科学産業博物館に関する参考資料　https://www.scienceandindustrymuseum.
org.uk/　検索日2020年10月30日　Accessed on October 30, 2020

(21) オイ・ポロイのホームページ　https://www.oipolloi.com/　Accessed on
October 30, 2020

(22) ナイト＆デイのホームページ　https://nightnday.org/　Accessed on
October 30, 2020

(23) ティーンズ・アンド・トドラーズに関する参考資料　https://www.power2.
org/　検索日2020年10月30日　Accessed on October 30, 2020

(24) グレーターマンチェスターLEPsのホームページ　http://gmlep.com/　検

索日2020年10月30日　Accessed on October 30, 2020

（25）セカンダリースクールとは、Year 7（年齢でいうと11歳）からYear 11（16歳）までの学校のことを指し、日本の小学校から高校の年齢を対象にしている。

（26）都市協定に関しては、次のサイトを参照すること。　https://commonslibrary. parliament.uk/research-briefings/sn07158/

（27）企業アドバイザー・ネットワークに関する参考資料　https://bridgegm. co.uk/gm-enterprise-network　Accessed on October 30, 2020

（28）ソルテアのホームページ　https://saltairevillage.info/　検索日2020年10月3日　Accessed on October 3, 2020

（29）ニューラナークのホームページ　https://www.newlanark.org/　検索日2020年10月3日　Accessed on October 3, 2020

（30）当時のニューラナークには、ハイランド地方（スコットランド北部）からの移民家族約1,500人に加え、5〜10才の子ども400〜500人が働いていた。労働者の教育、衛生状態は悪く、生活、風紀の乱れも著しかった。

Ⅵ　参加型都市プレストン

《はじめに》

　かつて日本でも展開のあった革新市政をイギリスのコンテクストでみてみる。近年イギリスでは、ニューローカリズムが台頭しており、地方分権が進んでいる。ただし、現行の緊縮財政の下で、資源を伴わない形での権限移譲となっている。その結果、地方の権能は矮小化したままで、地方自治は発揮できていない。そのためイギリスの地域再生の姿は、かつての全国スケールでの市民参加型から離れて、任意ベースの民間企業主導型に変容している。また市民企業という概念をとりあげるが、それは草の根活動と社会的企業がオーバーラップしたもので、市民社会という位置づけで、地域に利益を還元するものである。本章のテーマである「コミュニティの富の構築」の解釈において、プレストン市の自治体戦略が進める内発型の地域経済を検討する。

《キーワード》

　ニューローカリズム、市民企業、ニューミュニシパリズム、コミュニティの富の構築

1　ローカル・ガバナンスとニューローカリズム

　中央集権的なイギリスでは、分権化の動きは国民から歓迎される。最近の動きとしては、ローカリズム法（2011）が制定されており、この法律は*表面上*基礎自治体のレベルに付与される権限を強化している。同法の骨格は次の通りである。①公共サービス供給に取り組む。②公共サービス供給を引き継ぐ。③コミュニティの資産を管理する。

　しかし資源を伴っていないために、実施主体となる地方自治体において地

方の権能は矮小化された形となっている。その理由は、中央政府が2010年以降、地方政府への財政支援を著しく削減しており、しかも地方格差を埋めるためのカウンシル・タックス（地方税）を引き上げる権限に制限をかけているからである。

　そのような状況下で、地方自治体が担当する成人ソーシャルケアの需要は着実に増加しており、高齢者ケアの資源はいよいよ限界に近づいている。先にみたロンドンのマートン区は、知恵を絞って住民のニーズに応えようとしていた。中央政府による緊縮財政の結果、地方自治体は法定（statutory）サービスを何とか維持できてはいるものの、法定外（non-statutory）サービスを削減せざるを得ない。都市計画や開発、住宅サービスの純支出は半減しており、幹線道路や交通、文化やレジャーの純支出は40％以上の減少となっている。⁽¹⁾

2　国家主導型の協働ガバナンスの矛盾

　ガバナンスはパートナーシップを活用して、「ヨコ（水平）」の連携による*協治*を実践していく。一方、公共政策では、政府が決定事項を「タテ（垂直）」に下すことから、タテとヨコの関係で齟齬が生じることがある。というのは、ゲームのプレーヤーは市民にもかかわらず、ゲームのルールは国が決定するからである。

　例えば、かつての地域再生事業を担った「地域戦略パートナーシップ（LSP）」では、実施枠組みは中央政府が厳格に取り決め、その枠内に地方の民間アクターが*招かれる*という仕組みであった。確かにLSPには大規模な政府資金が投入され、補助金が運営基盤を支えた。しかしながら、その目的はネットワークを活用する際の効率性の向上が明白であった。マネジェリアリズム（managerialism　管理統制主義）と呼ばれた*技術論*が徹底されたのである。

　行政効率の向上は元ブレア首相のお好みの政治スローガンであった。市民の声を拾い上げて、社会的公正を実現するという目標が掲げられたものの、⁽²⁾

LSPは地域再生の目標を最終的に果たすことはなかった。その理由は、地域再生委員会にそれまで既得権益を享受していたアクター（'usual suspect'とよばれた）が参加し、彼らが委員会を支配したことで、市民参加は形式的なものにとどまったからである。一つの批判として、地域再生では、従来の階統制、排除、不平等が複製されたという見解もある（Davies 2011）。英米において、マネジェリアリズムが定着して久しいが、この慣行が地域再生のプロセスで完結していたのは残念である。

　今の地域再生はどうなのか。市民参加型から民間企業主導型に様変わりしている。前述の通り、民間企業中心の地域振興策である「地域企業パートナーシップ（LEPs）」は、法的拘束が弱いという側面がある。それはLSPが官僚主義の色彩が強かったことへの反省でもある。当初政府の資金援助は少なく、地域企業パートナーシップは自力で財源を調達する必要があった。しかし、活動基盤を整えるまでに時間を要したことから、最近では組織運営費への財政支援が可能になるなど、政府からの支援が拡充しつつある。このようなステップを経て、民間企業を地域振興のリーダーに据えて、行政・ボランタリー・コミュニティセクター（VCS）がコミュニティ開発に乗り出す例が増えている。あえて比較をすれば、1980年代の保守党政権時代の地域政策のように、民間主導で物理的資本の増強への回帰がみられている。（参考文献：山本隆『ローカル・ガバナンス論　福祉政策と協治の戦略』ミネルヴァ書房、2009年）

3　市民企業―民主的変革の可能性―

　イギリスには、「市民企業（civic enterprise）」という概念がある。文字通り解釈すれば、興味深い言葉である。この組織は草の根活動と社会的企業の活動をオーバーラップさせ、地域に利益を還元する市民組織である。その意味で、福祉社会においては重要なアクターになる。

　市民企業は社会的企業と比較してより広義で、草の根のインフォーマルなコミュニティ活動を含む。ネットワーク化された市民が自ら参画し、社会に

利益をもたらすのが市民企業というわけである。このような組織形態は、例えばとナショナルトラストやコモンズの再利用など、市場の外での市民活動を彷彿とさせる。

　ワーゲナー（Wagennar）は、以下のように、市民企業の本質を指摘している。

　「焦点は特定の状況での特定の活動の実践的な活動にある…社会関係の確立から、オルタナティブな生活様式に向けてのラディカルな思想に至るまで、目的によって動機づけられている。広い展望を持ち、大きな影響力を生み出そうとする企業家もいる。それは市場活動の普及に挑み、そしてガバナンス活動の実施方法を変えるものとなっている。[3]」

　要するに、市民企業は民主的手法で*社会財*を生産するということである。この実践は後でみるプレストン市の自治体戦略と共通する。市民企業の特徴をあげれば、非階統制、非営利、デモクラシー、サスティナビリティ、地域と個人のニーズへの迅速な対応といった次代の思想なのである。

　このように市民企業をみてくると、それは個々の具体的なコミュニティの諸問題に焦点を当てた「普通の」市民による地域活動と言える。社会から排除された人たちに対して、生活権を保障するように政治参加を通して働きかける。これはニューミュニシパリズムのエトスにもつながり、具体的でポジティブな選択肢を保障することで、市民権を実現させるアイデアと解釈できる。

4　ニューミュニシパリズム

　ニューミュニシパリズム（New Municipalism）という新たな市政活動が注目されている。これは基礎自治体レベルで権限を拡張し、従来型の政党政治を打破して、新たな市政を展開しようとするものである。その特徴は、住民の地域参加を最重要視し、オルタナティブな形で、集団的アイデンティティと市民権を追求している点にある。活動テーマは、以下の通りである。
集会に基盤を置いたデモクラシー

人間のニーズを充足する基本姿勢

シェアリング（分かちあい）や協調

相互扶助や連帯の促進

女性のリーダーシップ

　これらのアジェンダは、「コミュニティの富の構築（Community Wealth Building）」を掲げるイギリスのプレストン市ですでに実践されている。イギリスの地域では、下からの内発的な活動が盛んで、プレストン市の活動がその例である。

5　プレストン市の内発型経済の追求

　プレストン市はイギリス北西部にあり、人口14万人ほどの地方都市である。イギリスでは、1970年代頃から生じた製造業の衰退により地域経済は弱体化した。その結果、1980年の初めには失業者が急激に増えていった。プレストン市も状況は同様であった。市の貧困率はイギリスの下位20％に位置し、イングランドの中で自殺率が一位という不名誉な記録もあった。[4]

　プレストン市の「コミュニティの富の構築」戦略が始まるのは2013年である。市はアンカー機関（ランカシャー県、病院、地元大学、住宅協会、警察の6機関から構成される）を組織化して拠点にし、徹底した地域経済の浮揚を目指した（Preston City Council, Community Wealth Building https://www.preston.gov.uk/article/1334/Community-Wealth-Building Accessed on December 18, 2019）。

　経済モデルは、市の地域所有を拡大する政策である。コミュニティが共同で資産や土地を保有し、地方自治体が地域内の経済圏を再補強する戦略を採用した。理論的には「ローカリスト所有」を実践していることになる。すなわち、自治体の公有を進め、「コミュニティの富の構築」という名の下で、地域の生産資産（土地と企業）に対してコミュニティが影響力を持つことを目指している（Imbroscio, D. 'From Redistribution to Ownership: Toward an Alternative Urban Policy for America's Cities' 2013）。

　市の基本戦略としては、自治体予算を地元経済に向けて支出することである。競争入札を地元業者にも開放し、地元有利な仕組みを試行している。例えばランカシャー県が学校給食の食材を大手企業に一括契約を結ぶのではなく、小項目を分けて、それぞれに競争入札にかけたという。その結果、地元の農業生産物を扱う企業が契約を獲得し、合計で200万ポンドの資金が地元に残ることになった。

　住宅関連の業務は市外の大企業に発注していたが、地元のコミュニティ・ゲートウェイ（住宅協会）が6,500戸を管理することになった。これには、地元の協同組合も支援した。また、全国チェーンの大規模店舗は地方の個人商店を廃業に追い込んでおり、地元経済にダメージを与えている。これは日本でも同様な実態が起こっている。地元商店の苦境に対して、最初に取り組んだのがアート・コープで、2011年に地元アーチスト３人が市の援助でコープを設立し、商業活動を展開していった。市が所有していた建物をアート・スタジオ用に無償で利用し、過去数年間補助金なしでシアター、音楽、文学などの様々な展示やイベントを行っている。

　他にもITや食べ物に関する新しいワーカーズコープ（労働者協同組合）が誕生している。2017年には地元の労働者所有のコープをネットワーク型に展開させる取り組みを始めている。これらの動きは連帯経済の実践そのものである。⁽⁵⁾

　もうひとつ重要なのは、生活賃金（living wage）の適用キャンペーンである。市は雇用するすべての従業員に生活賃金の適用を奨励している。生活賃金とは最低限の生活の質を維持するために必要な賃金額を雇用主が導入する取り組みである。市は、2018年度では生活賃金8.75ポンドを定めており、生活賃金を適用した企業のリストを公開している。このようにプレストン・モデルは、グローバル化や市場化に抗する、まちの再生に成功した事例として注目されている。地元志向の経済振興が奏功した結果、地域経済は改善し、2010年から2015年にかけて貧困率が改善したことで、地方再生のベストプラクティスの２位に選ばれている。⁽⁶⁾

コラム　ニューミュニシパリズムの胎動⁽⁷⁾

その1　始まりは南アメリカから

　ニューミュニシパリズムは「グローバル・サウス」の動きと関係がある。グローバル・サウスは一般的に、経済的に開発が遅れている国を意味する。それは国際秩序の中で、別の形での経済的、文化的、政治的影響を持つ国家を含む広範な用語である。2000年代の南アメリカにおける左派自治体政府の台頭があり、ブラジルとアルゼンチンにおける「水平主義（horizontalism）」という急進的な動きが世界から注目された。

　その政治的な特徴は7つある。①中央集権的な権限よりも地方レベルに与えられた権力を重視すること。②従来型の政党政治を破棄すること。③地元とつながり、参加に基づく集団的な意識とシティズンシップを求めること。④集会を基盤にした直接デモクラシーを実践すること。⑤ヒューマン・ニーズの充足を優先すること。⑥富の独占や独り勝ちではなく、分かちあい、相互扶助や連帯を促進すること。⑦女性のリーダーシップを重視することである。

　まさにスペインはその最前線にある。2015年以降、バルセロナとマドリードは多様な社会運動や政治組織が結集した反緊縮連合により統治されている。「フィアレス・シティ（勇猛果敢な都市）」という集会が定期的に開催されており、2017年にバルセロナで第1回目のグローバル・サミットがあった。

その2　バルセロナのミュニシパリズム運動─バルセロナ・アン・クムー─

　スペインの「バルセロナ・アン・クムー」はニューミュニシパリズムに大きな期待を生んでいる。バルセロナの市政において、2015年と2019年に市議会で連立となり、安定した運営はできない状態であった。住宅のような重要な政策分野で政策決定できずに、混乱が生じていた。⁽⁸⁾しかし、バルセロナ・アン・クムーは主体性を発揮していった。都市レベルでラディカルな改革を促すために、思い切った戦略を練り上げ、市政府の権限を最大限に拡張し、創造的な形で活用していったのである。またスペイン中央政府に異議を唱えて、社会運動を展開し、コミュニティ組織との連帯を強めた。(stakeholder report; Blanco et al. 2020)「何が可能なのか？　それを市民に認識させて改革をしていく（stakeholder report）。」これこそ、変革型ローカル・ガバナンスであり、地方政治の展望を切り開く新たな動きである。

写真Ⅵ－1　コラウ市長

（出典：https://www.themayor.
eu/en/spain/barcelona/mayor/
ada-colau-ballano）

バルセロナ・アン・クムー（イン・コモン）のスローガンは、①綱領において政党政治の言葉を拒否する。②今までとは異なった政治を志向する。つまり、社会─空間的な再分配を実行し、市民参加を強力に推進し、そして都市のコモン化（commoning）として地方自治をまとめあげていく。③不満を募らせる緊縮財政と保守的ナショナリズムに対抗して、公的な領域を拡張する。市長アダ・コラウは言う、「公共空間が多ければその質は格段に良くなり、民主主義の質も向上する」と（アダ・コラウの言葉、2018）。

　政治の女性化は重要である。引き続き、以下はコラウ市長の言葉である。

　「私たちはフェミニストの闘いから学ぶことができる。改革の瞬間において…価値観を変えることで…政治参加の形を止揚することで、私たちは政治の女性化に貢献できる。協力が競争より効果的で、満足できるものであることを、また全員で政治を行うことが、個人で政治を行うよりも良いものだと証明するためである。」

　（Colau https://www.themayor.eu/en/spain/barcelona/mayor/ada-colau-ballano）

《まとめ》

　プレストン市の内発型の都市再生の姿をみてきた。ローカル・ガバナンスという概念は、国家と社会の関係から成り立ち、そのプロセスと価値を注視することが大切である。特に住民自治では、政府間の関係を念頭に置いて、相互に構成的、共創的であるものに止揚していく必要がある。ニューミュニシパリズムが進める協働事業の戦略をみてきたが、コレクティブ（集団的）な行動、またときには抗議を含みながら、グローバル化がもたらす社会変化に向きあい、または対抗する途を探索している。

　プレストン市の戦略では、市が労働者に生活賃金を支払うように企業に働

きかけ、また雇用主が技能と訓練に投資するように奨励している。金融機関は金融投機ではなく、生産的経済に投資するように促し、経済組織と経済ガバナンスの代替的な形を模索している。

　ここでまた、読者への問いがある。本章でみたように、世界各地でオルタナティブな政治形態が見いだされる。現代の資本主義では、一方での技術革新、空間の地理的生産、他方での独占と競争の矛盾、貧困と富の固定化がみられている。さらに言えば、経済活動のダイナミクスのなかで、環境は悪化し、土壌は汚染されて、大衆の貧困化が誘発されている。現代社会において、社会階級間の不平等は拡大しており、大多数が非人間化されている側面は否めない。ニューミュニシパリズムは代替的な政治的戦略を用いて、資本を超克することを目指している。このような革新自治体の活動は永続するのか？また他地域にも広がりをみせるのか？　この点をどのように考えるのか。

··

参考文献

Barcelona en Comu, Bookchin D and Colau A (2019) *Fearless Cities: A Guide to the Global Municipalist Movement.* London: Verso.

Blanco I, Salazar Y and Bianchi I (2019) 'Urban governance and political change under a radical left government: The case of Barcelona'. *Journal of Urban Affairs.* DOI: 10.1080/07352166.2018.1559648.

Bookchin, M (1987) *The Rise of Urbanization and the Decline of Citizenship.* San Francisco: Sierra Club Books.

—— (2014) *The Next Revolution: popular assemblies and the promise of direct democracy*, London: Verso

—— (1997) *The Politics of Social Ecology: libertarian municipalism*【邦訳】マレイ・ブクチン（藤堂真理子・戸田清・萩原なつ子訳）『エコロジーと社会』（白水社、1996年）

Centre for Local Economic Strategies CLES (2019) *Community wealth building 2019 Theory, practice and next steps* https://cles.org.uk/publications/community-wealth-building-2019/　Accessed on December 17, 2019

——CLES (2019) *New municipalism in London. Centre for Local Economic Strategies.* https://cles.org.uk/wp-content/uploads/2019/04/New-Municipalism-in-London_April-2019.pdf　Accessed on November 28, 2020

Davies, J. S. and Blanco I (2017) 'Austerity urbanism: patterns of neo-liberalisation and resistance in six cities of Spain and the UK', *Environment and Planning*, A 49 (7): 1517-1536.

Hardt M and Negri A (2017) *Assembly*, Oxford University Press.

Harvey D (2012) *Rebel Cities: From the Right to the City to the Urban Revolution*. London: Verso.【邦訳】デビッド・ハーヴェイ（森田成也・大屋定晴・中村好孝・新井大輔訳）『反乱する都市　資本のアーバナイゼーションと都市の再創造』（作品社、2013年）

Lefebvre H (2003) *The Urban Revolution*, University of Minnesota Press.

London Edinburgh Weekend Return Group (1979) *In and Against the State*. London: Pluto Press.　https://libcom.org/library/against-state-1979 Accessed November 18, 2020

Magnusson W (2014) 'The Symbiosis of the Urban and the Political', International Journal of Urban and Regional Research, 38 (5): 1561-1575.

Peck, J. (2011) 'Creative Moments: working culture, through municipal socialism and neoliberal urbanism', in: McCann E and Ward K (eds) Mobile Urbanism: Cities and Policymaking in the Global Age, University of Minnesota Press, 41-70.

Pill, M. and Bailey, N. (2014) 'The Potential for Neighbourhood Regeneration in a Period of Austerity: Changing forms of Neighbourhood Governance in Two Cities'. Journal of Urban Regeneration and Renewal 7 (2): 150-163

Pill, M. and Guarneros-Meza, V. (2018) 'Local Governance Under Austerity: Hybrid Organisations and Hybrid Officers' Policy & Politics 46 (3): 409-425

Pill, M. and Guarneros-Meza, V. (2019) 'The Everyday Local State? Opening up and closing down informality in local governance' Local Government Studies online before print DOI: 10.1080/03003930.2019.1624256

Thompson, M., 'What's so new about New Municipalism?' Sage Journals, 2020　https://journals.sagepub.com/doi/pdf/10.1177/0309132520909480 Accessed on November 28, 2020

Wagenaar, H. et al. (2015) 'The Transformation Potential of Civic Enterprise Planning & Theory' 16 (4): 557-585

注
（1）緊縮財政の地方自治体への影響については次の文献を参照のこと。Penny J. 'Between coercion and consent: the politics of "Cooperative Governance" at a time of "Austerity Localism" in London', *URBAN GEOGRAPHY*, 2017 VOL. 38, NO.9,　https://doi.org/10.1080/02723638.2016.1235932　Published online: 21 Sep 2016.

（2）統治パラダイムがシフトし、インフォーマルなプロセス、地域住民や家族、友人がアクターとなり、インフォーマルな政治的要素がどのように地域再生作用するのかも注目された。著者もブレア政権時代にフィールド調査を行ったが、下からの運動に期待を寄せていた。

（3）Wagennar, H. et al, (2015) 'the transformative potential of civic enterprise' *Planning Theory and Practice* 16 (4): 557-585　https://www.tandfonline.com/doi/pdf/10.1080/14649357.2015.1083153?needAccess=true Accessed on 2020-2-6

（4）プレストン市に関する参考資料　「地方経済に注力した地方創生成功モデル：海外の最新例（イギリス・プレストン）」　https://globalpea.com/preston　検索日2020年9月12日

（5）前掲「地方経済に注力した地方創生成功モデル：海外の最新例（イギリス・プレストン）」

（6）Thomas M. Hanna, T. M. Joe Guinan, J. and Joe Bilsborough, J. (2018) 'Local Government, Ownership' The 'Preston Model' and the modern politics of municipal socialism　https://neweconomics.opendemocracy.net/preston-model-modern-politics-municipal-socialism/　Accessed on 2020-10-28

（7）2020年7月26日に、シェフィールド大学マデリン・ピル上級講師を招聘して、Zoom形式の研究会を開催した。彼女のプレゼンテーションで、貴重な知見を得た。その資料を参考にしている。

（8）バルセロナ・アン・クムーについては、次の資料を参照すること。
https://www.google.com/search?sxsrf=ALeKk02aqcLxmcz-7YFl3nqaojvZZrHMFw%3A1606371457909&source=hp&ei=gUi_X7TxNcym0wSUnIWgAg&q=barcelona+en+com%C3%BA&oq=&gs_lcp=CgZwc3ktYWIQARgAMgcIIxDqAhAnMgcIIxDqAhAnMgcIIxDqAhAnMgcIIxDqAhAnMgcIIxDqAhAnMgcIIxDqAhAnMgcIIxDqAhAnMgcIIxDqAhAnUABYAGC5JGgBcAB4AIABAIgBAJIBAJgBAKoBB2d3cy13aXqwAQo&sclient=psy-ab

VII　横須賀市における終活支援事業

《はじめに》

　本章では、高齢社会の日本で新たに生まれた造語「終活」を取り上げる。しかし、家族や親族、近隣住民との関係がなく、この終活をうまく行えない人が社会には多数いる。その人たちに生じる問題の内容、対応できない人たちへの行政の終活支援対策を紹介する。事例は、神奈川県横須賀市の「エンディングプラン・サポート事業」である。本章はこの事業の検証から、高齢化する日本における福祉社会のあり方を問うものである。

《キーワード》

　終活、孤立死、高齢社会、墓地埋葬法、地域共生社会

....

1　高齢社会の新しい課題

（1）人生の終わり方

　本章では、神奈川県横須賀市における終活支援事業を取り上げる。この取り組みから、高齢社会の日本において、どのような福祉社会の将来像を描くことができるかを明らかにする。

　わが国では、総人口に占める65歳以上の割合が28.7％（2020年9月20日総務省報道資料より）にまで上昇し、世界でも類例を見ないほどの超高齢社会を迎えている。また一人暮らしの高齢者が65歳以上人口に占める割合は、2015年段階で女性が21.1％、男性が13.3％に達しており、上昇傾向は今後も続くとされる（令和2年版高齢社会白書より）。地方自治体や民間団体、地域住民が高齢者に日常生活の支援を行う場合、この一人暮らしの高齢者を意識して支援する必要があるということである。

ところで、このような高齢者の増加とともに、新しい言葉が生まれ、社会に広まることとになった。それが「終活」である。学生の「就活（就職活動）」をもじったメディアの造語である。終活とは、「人生の終末を迎えるにあたり、延命治療や介護、葬儀、相続などについての希望をまとめ、準備を整えること」（デジタル大辞泉より）とされる。自分の人生の終わり方を準備、周囲に伝わるようにしておく行為なのである。

　家族と同居している人であれば、自身の終活を周囲に伝えやすい。しかし、一人暮らしで身寄りのいない人、あるいは隣人との関係が希薄な人の場合、自分の人生の終わりを伝えることができないかもしれない。そういった高齢者が亡くなった場合、葬儀の仕方や埋葬の場所、残った財産の整理など、本人の希望は誰もわからないことになる。この問題に気づいた横須賀市では、行政として取り組むことになった。それが、特定の高齢者を対象とした「エンディングプラン・サポート事業」なのである。今後、単身高齢者にあふれた超高齢社会が確実に到来する。その有効な対応のひとつとして、本章は行政による終活支援事業の持つ可能性を探ることになる。

（２）終活とは

　終活は、2009年に週刊誌で最初に登場したとされる。ただし、人が自分の人生の終わりを意識して行動すること自体、終活という言葉が登場する以前から行われていた。遺言状などはその代表例であろう。しかし、葬儀や墓のことを気にする必要はなかった。子どもなど祭祀継承者がいたからである。それが、1980年代後半ごろから少子化の進展で祭祀継承者の確保が困難になったこと、家族や地域の関係が希薄化したことで、葬儀や墓の内容について自分の希望を生前から準備するようになったのである。そのために、「遺言ノート」や「エンディングノート」が1990年代後半から販売されるようになった。終活という言葉が登場する前から、一般市民の意識は変化していたのである（木村・安藤　2018）。

　先行研究によると、週刊誌で終活という言葉が登場してしばらくは、葬儀や墓にかかわる使われ方であったのが、2014年以降は死の前後のさまざま

な動きも定義に加わったとまとめている（同上）。近年では、異業種が新しい葬儀プランや新しい形態の墓を提示したり、終活に特化した弁護士が登場したりするなど、「終活ビジネス」の成長も指摘されるようになった（松本　2017）。

　上述の終活は、家族や親族と離れて暮らしていたり、祭祀継承者に恵まれなかったりといった問題はあるかもしれないが、生活基盤の確立した人による活動ともいえる。しかし、身寄りがまったくいない、あるいは社会的に孤立して暮らしている高齢者の場合、そもそも誰に死後の希望を伝えるのか、という根本的な疑問が残る。実際、誰にも伝えられないまま、知られないまま人生の終わりを迎える場合がある。この社会問題から生まれた言葉が、孤立死（孤独死）である。

（3）孤立死

　孤立死は、1980年代後半から新聞で報道されるようになったものである。2005年にNHKスペシャルにも取り上げられるなど、高齢化の進むわが国の現代的な課題とされた（ニッセイ基礎研究所　2011）。最大の原因は、家族構成の変化とされる。多世代の同居から核家族への変化である。子どもの独立後は夫婦二人世帯、配偶者の死亡後は単身世帯、大都市部であれば地域との人間関係自体が希薄な可能性もある。さらに未婚や離婚による単身世帯の増加もある（厚生労働省　2008）。しかし、そのような状況の人でも家族や親族との関係、隣人との関係が保たれていれば、何らかのかたちで生前の意思を伝えることができる。問題は、そういった関係が切れた状態で単身の高齢者が亡くなる場合である。それが、孤立死なのである。

　身寄りがいない人や家族・親族と疎遠な人が亡くなった場合、遺骨の引き取り手がいないことが予想される。このような状況を指す言葉として、「弔われない死者」、「無縁死」との表現がある（小谷　2017）。単身高齢者が生活に困窮している場合（たとえば生活保護受給者）、この危険性はいっそう高まる（同上）。孤立死の中でも、もっとも対応が困難なケースであろう。引き取り手の無い遺骨とは、その象徴的な事例なのである。次節では、本章

で取り上げる横須賀市の状況と合わせてこの問題を見てみる。

2　引き取り手の無い遺骨

（1）横須賀市の概況

　横須賀市は人口約39万人、16万7000世帯の中核市である。三浦半島の大半を占め、幕末にはペリー提督の黒船が来航し上陸した歴史がある。その後、第2次世界大戦の敗戦までは首都を守る軍港として重要な位置を占めた。戦後は港湾都市、また重工業の集積地として繁栄した。しかし、現在では上記の産業の衰退などもあって地域経済が疲弊し、高齢化や人口減少が進んでいる。高齢化率は2019年度の段階で31%に達している（横須賀市ホームページより）。地域の基幹産業が衰退し、人口流失と高齢化が止まらない地方都市と表現できるであろう。

　では、横須賀市がなぜ終活支援事業に取り組んでいるのか。その背景を見てみる。⁽¹⁾

　横須賀市では、孤立死の増加の中でも特徴的な事態が生じていた。1995年ごろから身元が判明しているのに引き取り手の無い遺骨が増え始め、2000年代に入り急激に増加したのである。横須賀市は行政として無縁納骨堂を管理していたが、引き取り手の無い遺骨の増加で納骨堂が一杯になるという事態に直面した。そこで、市職員が骨壺を取り出して別の合葬墓に埋めるという作業を何度か行った。その過程で、以前なら引き取り手の無い遺骨と言えば身元不明者の骨ばかりだったのが、身元判明（住民登録有など）の市民の骨の方が多くなっている新たな事実に気づいたのである（八木橋　2020）。孤立死であっても、身元がわかっていれば最後は遺骨の引き取り手が現れることが普通であったのが、必ずしもそうはならないという事態が頻発するようになったということである。

（2）全国の状況

　この状況が横須賀市だけであれば、局地的な現象として理解すればよいであろう。しかし、引き取り手の無い遺骨が増えているのは、横須賀市だけ

ではなかった。たとえば、2006年に同様の遺骨は横浜市で638柱、大阪市で1860柱であったものが、2015年には横浜市979柱、大阪市2999柱と約1.5倍に増加していた。他の政令指定都市も同様であり、同じ期間に名古屋市は322柱が607柱と約2倍に、札幌市は84柱が286柱と3倍以上にも達した。その多くは住民登録があり、預金もあり、死を看取られている一般市民であるにもかかわらず、である。横須賀市の場合、同時期のデータではないが、2010年に43柱だったものが2014年には60柱と約1.5倍に増えていた。都市部において、水面下で進行していた共通の現象であると考えられる。身元が判明しているにもかかわらず誰も遺骨を引き取らない、この言いようのない事態に横須賀市は本腰を入れて取り組むことになった。

3　エンディングプラン・サポート事業と「わたしの終活登録」事業

（1）エンディングプラン・サポート事業

　引き取り手の無い遺骨の急増という事態に、横須賀市は生前に高齢市民の葬送の希望を聞き、死後の支援を行う事業を始めた。この「エンディングプラン・サポート事業」を発案したのが、同市職員の北見万幸氏（現在は横須賀市福祉部福祉専門官）であった。北見氏の提案は市に認められ、2015年7

写真Ⅶ－1　北見万幸氏（横須賀市福祉部福祉専門官）

（筆者撮影）

月から事業が始まった。

　同事業開始直後にひとつのエピソードがある。北見氏によると、ある死亡した単身男性の部屋から、葬送に関する希望が書かれた遺書が発見された。しかし、遺書の発見が遅れたため、男性の遺体は無宗教ですでに火葬されており、遺骨は無縁納骨堂に、という段階になっていた。ここで横須賀市は故人の希望を重視し、亡くなった男性の意志に沿った納骨を支援した。この事件は、高齢者の死後の希望を生前に確認しておく「エンディングプラン・サポート事業」の意義を再確認させるものとなった。

　しかし、行政による終活支援は、葬儀社など民業圧迫の批判もあった。そこで横須賀市では、「エンディングプラン・サポート事業」の対象者を、低所得・少資産で頼れる身寄りのない一人暮らしの高齢市民、つまり行政による支援が必要な人に限定したのである。そして、この事業を実施したことで、横須賀市の引き取り手の無い遺骨は35柱（2014年60柱）に減少した。また、北見氏は2015年度から2018年度までの４年間の成果について、次のようにジャーナリストの取材に答えている。

　　「2015年度から2018年度までの４年間で見ますと、プランへの登録は累計で約40人です。引き取り手のないお骨は、年間平均50柱で、４年間の累計では200柱となります。200柱のうち40人が登録を終えたということですから、無縁を回避できた人は20％になったということです。[3]」

　対象となりうる人全員が登録しているわけではない。しかし、確実にしくみが機能し始めているといえる。

　この事業のしくみは、以下の図Ⅶ－１の通りである。[4]

　まず本人と市が同意のもとで登録を行う。市は、葬儀や納骨について低額で生前契約を受ける協力葬儀社の情報を提供、生前契約を本人が決める。葬儀社は26万円の最低費用で契約を結び、本人の死後に納骨まで契約を履行する。葬儀社は民間企業であるため、当然ながら倒産のリスクはある。そこで

図Ⅶ－1　横須賀市「エンディングプラン・サポート事業」のしくみ

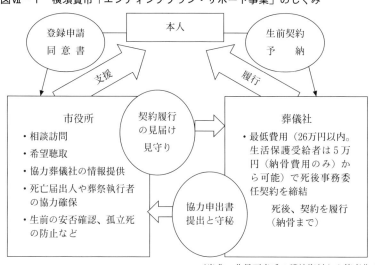

（出典：北見万幸氏の講演資料から筆者作成）

リスク回避のしくみを組み込んでいる。

　「エンディングプラン・サポート事業」は、墓地埋葬法第9条の対象になることが予測される市民を事業対象に限定している。墓地埋葬法第9条は、「死体の埋葬（ここで言う埋葬とは、土葬のこと）又は火葬を行う者がない又は判明しないときは、死亡地の市町村長が、これを行わなければならない。」とある。第9条の対象者は、身元不明者であることが前提である。それゆえ、「"住民登録のある"市町村長が、これを行わなければならない。」とは定めず、「"死亡地の"市町村長」とされているのである。しかし、現在は身元判明者で住民登録のある市民にも広く解釈し適用している。したがって、横須賀市と同様の事業を行っていない市町村では、死亡した場合、誰も火葬してくれる身寄り等が現れないことが予測される市民（低所得・少資産・頼れる身寄りがいない市民）に対して、死後は墓地埋葬法第9条を適用させ、無縁扱いにしていることになる。

　横須賀市の場合、「エンディングプラン・サポート事業」で葬儀社と契約登録した市民は、葬儀社の倒産があっても、墓地埋葬法第9条の「火葬を行

う者がない又は判明しないときは、死亡地の市町村長が、これを行わなけ
ればならない。」を適用する。これで、失われた26万円（以内）の契約額は、
横須賀市から歳出される。また、登録者の葬送の希望内容は市も把握してい
るため、信教の自由に沿った葬送が別の葬儀社の手によって実施される。生
前契約を支援することで本来不要な墓地埋葬法の歳出を予防するだけでなく、
低所得・少資産・頼れる身内のいない一般市民の葬送の希望を叶える、とい
う新しい地域課題に対応できるしくみと言えるであろう。そして、横須賀市
をモデルとした事業を他の自治体も導入し始めている。⁽⁵⁾これからの超高齢化
時代に対応できる福祉社会をデザインしたものであることは間違いない。

（2）わたしの終活登録

　横須賀市は対象者を限定した終活支援にとどまらず、支援を一般化させ
た新事業を2018年から開始した。それが、「わたしの終活登録」事業である。
希望者なら誰でも利用できるしくみをつくったのである（図Ⅶ－2）。

　市民は、市に氏名や住所、緊急連絡先といった基本情報から、かかりつけ
医師やアレルギー、エンディングノートや遺言書の保管場所などが登録でき
る。終活情報の一括登録が可能なのである。急病や事故で入院、あるいは死
亡した場合、何の情報もわからなければ、その市民の関係者に状況を伝えら
れない可能性がある。とくに死亡した場合、希望に沿った葬送を行えないか
もしれない。そこで、緊急連絡先や遺書などの保管場所、生前契約した葬儀
社などの情報を市に登録、万が一の場合には病院や警察などの問い合わせに
市が回答できる。さらに、家族や親族、葬儀社などにも連絡が可能となる。

　本人の意思が確認できる情報を自治体に事前登録しておく制度自体は、す
でに他の自治体にも存在している。横須賀市の特徴は、エンディングノート
やリビングウィルの保管場所、葬儀・納骨の生前契約先、献体の生前登録先、
遺書の保管場所、墓の所在地など、死後事務に関して対応できるようにして
いる点である。横須賀市の終活支援事業には、行政の市民へのかかわりは、
市民が亡くなる直前まででよいというのではなく、市民の死後にまで広げる
という観点がある。これがあるからこそ、新しい福祉社会で求められるしく

図Ⅶ－2　横須賀市「わたしの終活登録」事業のしくみ

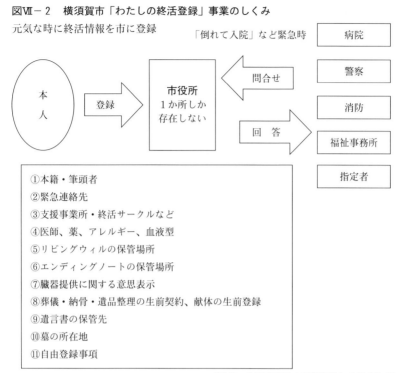

元気な時に終活情報を市に登録

「倒れて入院」など緊急時

本人

登録

市役所
1か所しか
存在しない

問合せ

回　答

病院

警察

消防

福祉事務所

指定者

①本籍・筆頭者
②緊急連絡先
③支援事業所・終活サークルなど
④医師、薬、アレルギー、血液型
⑤リビングウィルの保管場所
⑥エンディングノートの保管場所
⑦臓器提供に関する意思表示
⑧葬儀・納骨・遺品整理の生前契約、献体の生前登録
⑨遺言書の保管先
⑩墓の所在地
⑪自由登録事項

（出典：北見万幸氏の講演資料から筆者作成）

みを描けたのであろう。

　成果だが、2019年には116人、2020年は9月までに119人が登録をした。2020年春からは、新型コロナウイルス感染症の拡大防止のために外出自粛が叫ばれた。いわゆるコロナ禍にもかかわらず登録が倍増した要因は、電話による登録も認めたからであった。高齢者がインターネットからの登録を避けたがる点を考慮して導入したのである。市民のあらゆる特性に対応しようとつねに努力しているのである。
（6）

4　小　括

　2016年以降、政府は地域共生社会の実現を目指すとしている。地域共生社会とは、子どもや高齢者、障がい者などすべての人が地域、暮らし、生きが

いを共に創り、高め合うことができる社会とされる。そのために、「地域の
あらゆる住民が役割を持ち、支え合いながら、自分らしく活躍できる地域コ
ミュニティの育成等を推進」することがうたわれている。⁽⁷⁾

　地域に暮らす人たちが協力して地域の課題に取り組むことは、何も問題は
ない。しかし、引き取り手の無い遺骨のような問題の対応には、地域住民だ
けでなく行政の役割も欠かせない。市民の終活支援は個人情報とも絡むため、
一筋縄ではいかないところもあるからである。横須賀市の終活支援事業は、
公的機関としての役割と責任を明確にしている。たとえば、葬儀社の倒産の
場合への対応、終活登録における情報管理といった点がわかりやすい。終活
支援はひとつの事例であるが、問題の性質によっては行政の役割を定めた上
で、行政の役割を超えるところは市民や民間団体による支援を優先させる。
このような公私の協働のかたちが、地域共生社会の実現には必要である。横
須賀市の終活支援事業は、その可能性を秘めていると言えるであろう。

....

《まとめ》

　本章では、身元が判明していても無縁遺骨となってしまう痛ましいケース
を避けるために、横須賀市を事例に行政に何ができるかを検証した。行政に
よる終活支援は、対象者の支援だけでなく、公私の協働の重要性、国が目指
す地域共生社会との関係にも気づかせるものであった。では、福祉社会にお
ける行政の役割とは、いったいどのようなものであろうか。地域住民の支援
だけでよいのだろうか。読者のみなさんにも考えてもらいたい。

《謝　辞》

　横須賀市福祉部福祉専門官の北見万幸氏には、ヒアリング調査で大変お世
話になりました。深く感謝申し上げます。

....

参考文献

木村由香・安藤孝敏「マス・メディアにおける終活のとらえ方とその変遷─テキ

ストマイニングによる新聞記事の内容分析―」『技術マネジメント研究』第17号
（横浜国立大学技術マネジメント研究学会、2018年）
厚生労働省『高齢者等が一人でも安心して暮らせるコミュニティづくり推進会議
（「孤立死」ゼロを目指して）―報告書―』（2008年）
――「「地域共生社会」の実現に向けて（当面の改革工程）」（2017年）
小谷みどり『〈ひとり死〉時代のお葬式とお墓』、（岩波書店、2017年）
内閣府『令和 2 年度版高齢社会白書』（2019年）
ニッセイ基礎研究所『平成22年度老人保健健康増進事業　セルフ・ネグレクトと孤
立死に関する実態把握と地域支援のあり方に関する調査研究報告書』（2011年）
松本惇「異業種参入で拡大する市場　旧来業者も新サービス提供（伸びる終活ビジ
ネス）」『週刊エコノミスト』（第95巻第38号）（毎日新聞出版、2017年）
八木橋慶一「地域福祉における「終活」支援と行政の役割―横須賀市の事例から
―」『地域政策研究』第22巻第 4 号（高崎経済大学地域政策学会、2020年）

注
（ 1 ）横須賀市の終活支援事業関連の情報については、北見万幸氏からご提供いた
だいたものである。それらの情報の出所は、北見氏への聞き取り調査（2018年 3
月 5 日、於横須賀市役所）、講演の資料（2019年 7 月 5 日、於高崎経済大学）、電
話取材（2019年10月28日、11月27日、2020年10月19日）である。
（ 2 ）これらの数字は、注 1 で紹介した北見氏の講演（2019年 7 月 5 日）の資料か
らである。主催は高崎経済大学地域科学研究所、題名は「なぜ今、行政が終活を
支援しなければならないか―無縁遺骨が鳴らす現代社会への警鐘―」である。
（ 3 ）葬送ジャーナリスト塚本優の終活探訪記「第23回　横須賀市が終活支援に乗
り出した本当の理由（前編）墓埋法第 9 条の対象者を減らし、信教の自由を守
る」 https://seniorguide.jp/column/tsukamoto/1232493.html　検索日2020年
11月23日
（ 4 ）以下、エンディングプラン・サポート事業とわたしの終活登録の説明は、八
木橋（2020）による。図Ⅶ－ 1 、Ⅶ－ 2 は、北見氏の講演資料をもとに作成した。
（ 5 ）注 3 と同じページより。なお、京都市の「京都市単身高齢者万一あんしん
サービス事業」が、自治体による新しい取り組みとして紹介されている。詳細
は京都市のホームページより確認されたい。　https://www.city.kyoto.lg.jp/
hokenfukushi/page/0000260832.html　検索日2020年11月23日
（ 6 ）登録者数や電話登録の導入については、北見氏への電話取材にもとづく
（2020年10月19日）。
（ 7 ）独立行政法人福祉医療機構の関連情報のまとめを参照した。　https://
www.wam.go.jp/content/wamnet/pcpub/top/tiikikyouseisyakai/
tiikikyouseisyakai001.html　検索日2020年11月24日

Ⅷ 人口減少社会における地方再生
—高崎市の取り組みから—

《はじめに》

　本章では、地方都市が自治体間競争を勝ち抜くために、どのように生き残りをかけてプロモーションを行っているか、群馬県高崎市の事例を紹介する。また、日本が直面している人口減少社会特有の問題である空き家の増加について、高崎市がどのような対策を練っているかも取り上げる。さらに、過疎地域での住民、行政、大学研究者などの連携による地域活性化の取り組みも紹介し、地方都市の再生にかけた動きを考察する。

《キーワード》

　人口減少社会、シティプロモーション、空き家、地域活性化、官民協働

1　地方都市への着目

（1）地方の抱える課題

　日本は現在、人口減少社会に突入している。その一方で、大都市部にはヒト、モノ、カネ、情報などあらゆる資源が集中している。Ⅱで見た東京への一極集中はその典型であろう。地方都市がどのようなアイデアを持ってこの問題に対応しようとしているのか、中核市レベルの事例から見てみる。

　本章では、まず地方再生のためのプロモーションについて触れる。次に人口減少社会に特有の問題を2点取り上げる。ひとつ目は、空き家問題である。都市部や農村部を問わず、人口減少社会では暮らしている人たち自体が減るため、誰も住まない家が増えることは自明である。都市部の場合、たとえば中心市街地や住宅地での空き家の増加は、コミュニティの空洞化にとどまらず、空き家への不法侵入、地域内でのつながりの喪失、空き家の倒壊の恐れ

など、安全・防犯や自治の面などで住民生活に影響を与える可能性は高い。住民にとっても放置できないのである。行政がどのように対処しているのか、また地域住民による空き家の利活用の可能性に触れたい。

　ふたつ目は、限界集落のような極端に人口が減った地域の問題である。いわゆる平成の大合併以降、地方都市も近隣の町村との合併により、過疎地域を抱えることになった事例は枚挙にいとまがない。多くの地方都市も向き合わざるをえない問題である。行政や地域住民、外部の有識者などがどのように連携しているか、ある過疎地域の活性化の取り組みを紹介する。

　3つの事例は、いずれも群馬県高崎市での取り組みである。同じまちの事例を取り上げ、人口減少社会でのさまざまな課題に対して、地方都市の行政や市民がどのように立ち向かっているかを考察することとする。

（2）高崎市の概況

　高崎市は人口約37万人、約16万7000世帯の中核市である。高齢化率は2015年実績で26.5％であり、ほぼ全国平均と同じである。古くから交通の要衝として栄え、現在でも北陸新幹線と上越新幹線が交差し、関越自動車道・北関東自動車道・上信越自動車道と3本の高速道路が走っている。都心部ではオフィスや商業施設が集積、幹線道路沿いには産業用地が整備され、物流拠点の立地も進められている。実際、商業売上は全国で15位前後、中核市で1位であり、都市規模を考慮すれば、商業都市として十分に発展していると言えるであろう。(1)一方で平成の大合併により、中山間地域の町村とも合併したため、市域は多様性に富んでいる。第3節で触れるように、限界集落と言える地域もあり、都心部から過疎地域までそろった国内の縮図のような都市でもある。

（3）シティプロモーション

　高崎市のように、東京に新幹線であれば1時間で到着できる点は、利便性の面では強みである。しかし、それは逆に都内に吸い寄せられる可能性が高いことを意味する。したがって、高崎市は産業誘致にとどまらず、シティプロモーションにも力を入れている。

このシティプロモーションとは、「地域再生、観光振興、住民協働など様々な概念が含まれ」、「そこに住む地域住民の愛着度の形成」が目的とされる。そこから、「地域の売り込みや自治体名の知名度の向上と捉えること」になり、「自らの地域のイメージを高め経営資源の獲得を目指す活動と考えることも」可能とされる。したがって、「シティプロモーションには、自治体にはない「営業」という要素が多く」、「民間企業等の活動から多く学ぶ要素も」存在することになる。つまり、たんに自治体職員がやみくもに売り込みをかければよいものではないのである。営業にたけた組織との協働が重要となる。

　高崎市は、ある企画でこのシティプロモーションに大きく成功した。後継者が決まっていないため、このままでは閉店してしまうかもしれない個人経営の飲食店を扱った「絶メシリスト」である。この企画は、広告会社との連携で2017年から始まった。国内で反響を呼び、2018年には書籍化、同年には「国内最大級の広告賞「ACC TOKYO CREATIVE AWARDS 2018」（ACC）のマーケティング・エフェクティブネス部門で、最高賞となる総務大臣賞・ACCグランプリを受賞」という快挙を成し遂げた。「一自治体のシティプロモーションがACCのグランプリを受賞することは「異例中の異例」（広告関係者）」とのことであった。その後も世界中の数々の広告賞を受賞し、2020年には関連のドラマも放送された。

　もちろん、そのほかのイベント（国内最大級のヒルクライム大会の開催など）や子育て支援の充実など、さまざまなしかけや施策を行っている。知名度の向上により観光客を誘致したり、まちとしての魅力を高めて住民の愛着度を形成したりすることで、生き残りを図っているのである。人口減少社会では、市民がまちから流出するのを防ぐだけでなく、市外から移住につながるように引き付けることも重要である。自治体間競争が激しくなることを前提に、行政はシティプロモーションに注力する必要があると言える。

2　空き家問題

（1）空き家問題の概況

　前節では、シティプロモーションで人を引き付ける取り組みを紹介した。しかし、人口減少社会ではそもそも人が減っているわけであるから、どのような施策にも限界はある。冒頭でも触れたように、空き家の問題である。新築住宅の数が減ったとしても、誰も入居しなくなった既存の住宅を取り壊さない限り、空き家は増加する。

　具体的な数字だが、全国の空き家数や総住宅数に対する空き家率は、総務省の「住宅・土地統計調査」から確認できる。2018年の調査では、総住宅数は約6240万戸、空き家は約849万戸、空き家率は13.6％であった（図Ⅷ－1）。賃貸用、売却用、二次的住宅（別荘など）を除外し、所有者不明などの「その他の住宅」に限定すると、空き家は約348万戸、空き家率5.6％となる。

　人口減少社会に突入している日本では、空き家を減らすよりも空き家が増加する前提で、その管理や居住用以外の用途を検討する必要が高まっている。行政もこの点は理解しているが、空き家自体は民間資産である。そのため、

図Ⅷ－1　住宅数と空き家率の推移

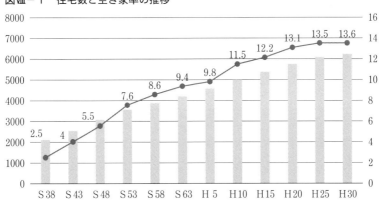

（出典：総務省統計局「平成30年度住宅・土地統計調査」から筆者作成）

持ち主不明で倒壊の恐れがあるといった場合を除けば、所有者側の対策に委ねざるをえない状況である。しかし、手をこまねいていれば、ただ空き家が増えるだけである。民間資産であることを前提に、空き家の利活用を促進する施策が必要となっている。

　地方自治体も対策に取り組んでおり、たとえば自治体が運営する「空き家バンク（あるいは空き家・空き地バンク）」が存在する。これは、自治体が空き家の売却や賃貸を希望する所有者に情報の登録を募り、空き家利用希望者が閲覧できる情報提供システムである。不動産業者と連携して運営されている。2018年4月からは、「全国版空き家・空き地バンク」の本格運用が開始された。

　国土交通省が2019年10月に実施したアンケート調査によると、全自治体の約7割にあたる1,261自治体が空き家バンクを設置済みであった。未設置の自治体でも169自治体が準備中または今後設置予定と回答しており、多くの自治体が空き家対策の必要性を認識し、すでに取り組んでいる状況である。しかし、以前は開示情報の項目が異なる、検索が難しいといった利用しづらさがあったため、改善が求められていた。そこで、国は各自治体の空き家などの情報の標準化や集約化を図り、全国どこからでも簡単にアクセス、検索できるシステムの構築を支援することとなった。その結果誕生したのが、上述の「全国版空き家・空き地バンク」なのである。2017年10月より、公募で選定した民間事業者2社（株式会社LIFULL、アットホーム株式会社）による試行運用が始まり、2018年4月から本格運用となったのである。2020年9月末時点で750自治体が参加、513自治体の物件情報が掲載され、約5,700件の物件が成約済みということである。⁽⁶⁾

　これらの動きは、物件を利用希望者にどのようにつなぐかというものである。空き家自体は民間資産であっても、増加し続ける現状では、何らかのかたちでの行政の関与が必要な時代になったとも言える。

（2）高崎市の取り組み

　「空き家・空き地バンク」を利用するとしても、すべての物件で成功する

わけではない。しかし、収益は見込めないが、何かしら活用できる空き家も
あるであろう。たとえば、地域のために利活用してもらうことを希望する所
有者がいるかもしれない。また、周囲の迷惑を考慮して物件の解体を検討す
る所有者もいるかもしれない。通常、そのような利活用や解体は自力で行う
が、行政がかかわることで円滑に物事が進む可能性がある。

　本章で取り上げている高崎市は、上述の点について興味深い事業を行って
いる。富岡賢治市長自身が「全国でも例のない」市独自の制度を作ったと自
負するように、2014年度より全国に先駆けて総合的な空き家対策事業（高崎
市空き家緊急総合対策事業）を開始しているからである。空き家の所有者に

表Ⅷ－ 1　高崎市空き家緊急総合対策事業の概要

目的	制度の種類	制度の概要	上限額
管理	制度 1 空き家管理助成金	建物の管理を委託した場合や敷地内の除草など、空き家を管理するためにかかった費用の 2 分の 1 を助成	20万円
解体	制度 2 空き家解体助成金	周囲に危険を及ぼす恐れのある老朽化した空き家の解体にかかった費用の 5 分の 4 を助成	100万円
	制度 3 空き家解体跡地管理助成金	制度 2 を利用して、空き家を解体した敷地の除草などにかかった費用の 2 分の 1 を助成	20万円
活用	制度 4 地域サロン改修助成金	空き家を高齢者や子育て世代などが気軽に利用できるサロンとして改修する場合、改修費用の 3 分の 2 を助成	500万円
	制度 5 地域サロン家賃助成金	空き家をサロンとして借りる場合、家賃の 5 分の 4 を助成	月額 5 万円
	制度 6 空き家活用促進改修助成金	空き家を居住目的で購入して改修する場合、改修費用の 2 分の 1 を助成	250万円 ※令和 2 年度は、倉渕・榛名・吉井地域では500万円に拡充
	制度 7 定住促進空き家活用家賃助成金	人口が減少している倉渕・榛名・吉井地域に立地する空き家を居住目的で借りる場合、家賃の 2 分の 1 を助成	月額 2 万円
	制度 8 空き家事務所・店舗改修助成金	空き家を改修し、事務所や店舗を新たに営業する場合、改修費用の 2 分の 1 を助成	500万円

（出典・高崎市（2020）「広報高崎」第1511号（令和 2 年 4 月 1 日号）、14ページより（一部修正））

管理を依頼するとしても、高齢であったり、遠方在住であったりと管理が難しいケースが多いため、「無理なく空き家がなくなる手法の方が良い」と市長が判断したからであった。同事業の概要を表Ⅷ－1にまとめた。(7)

　管理・解体では所有者へ、活用については空き家の利活用希望者への支援に行政が乗り出したのである。これらの制度のうち、制度4「地域サロン改修助成金」と制度5「地域サロン家賃助成金」は、収益性とは関係ない利活用を前提としている。地域の非営利団体（NPO）による利用を前提としている制度である。制度4と制度5の詳細を表Ⅷ－2にまとめた。

（3）市民による空き家利活用の実態

　本項では、高崎市の空き家緊急総合対策事業の地域サロン改修助成金・地域サロン家賃助成金を利用しているNPOの活動を紹介する。空き家対策は

表Ⅷ－2　地域サロン改修助成金・地域サロン家賃助成金の概要

地域サロンについて（制度5も同じ）	地域サロン改修助成金における「地域サロン」とは、次のいずれにも該当するもの ●営利を目的とした活動でないもの ●開設計画の内容が具体的で、かつ地域サロンの開設が対象地域の住民同士の交流機会等の確保に寄与すると見込まれるもの ●公益を害するおそれがなく、公序良俗に反しないもの　など
助成を受けられる空き家（制度5も同じ）	高崎市内にある建築物で、おおむね1年以上無人または使用されていないもので、下記に該当するもの（原則、店舗が主体のビルやマンション等の空き室は対象にはならない） ●戸建て住宅の空き家 ●併用住宅の空き家（店舗等が廃業されていること）　など
助成を受けられる人（申請者）	●地域サロンの運営団体及び個人 ●空き家の所有者（地域サロンの運営団体へ貸し出すことが前提）（※制度4のみ）
助成を受けられる主な要件（すべて満たすこと）	●高崎市内の空き家を改修し、地域サロンの運営団体が地域サロンを開設、運営すること（第三者で構成される審査委員会による審査を実施） ・地域サロンの運営団体は次のいずれにも該当するものであること ・団体の構成員全員が、高崎市暴力団排除条例に該当していないこと 宗教活動、政治活動または選挙活動を行うことを目的としないこと ●市税の滞納がないこと ●地域サロン事業を一定期間継続できる見込みのあること（※制度4のみ）　など

（出典：高崎市ホームページ「高崎市空き家緊急総合対策について」より筆者作成　http://www.city.takasaki.gunma.jp/docs/2014060600085/　検索日2020年11月28日確認）

収益性の観点からだけでは難しく、NPO支援も視野に入れる必要があるからである。

　地域コミュニティのつながりを強めるために、助成金で地域サロンを開設した事例２つをあげる。まず倉賀野町上第３町内会である。同町内会は地域サロン事業の適用第１号であり、いわばモデルケースとなったところである。町内会になかった集会所の設置のために、町内の空き家の活用を思いつき、空き家の所有者の理解もあって市の助成制度を申請した。現在はセンターの設置により、地域住民の憩いの場となっているとのことであった。

　次は上中居町第１町内会である。新しい集会所を探していたところ、現在の集会所の所有者から、市の助成制度を利用して所有する空き家を改修して集会所に転用してはどうか、という話が持ち込まれた。助成金がなければ改修は難しかったとのことである。改修後は集会所としてだけでなく、さまざまな催し物や各種教室に利用されている。町内の要望と市の対策が合致したことが最大の成功要因であった。地域住民の要望、町内会のリーダーシップ、行政の対策が有機的に結びつくことで空き家の利活用がスムーズに行われている事例であった。両町内会とも、町内におけるコミュニティ活動の拠点として、今後も集会所を積極的に活用、機能させるとのことである。

　以上から、高崎市は空き家の利活用について、一般的な居住や事業の利用だけでなく、地域コミュニティに資する活動を行うNPOへの支援にも力点を置いていることがわかった。しかし、上述の事例は、高崎市においても人口の多い地域である。冒頭で触れたように、高崎市は市域に過疎地域も含んでいる。次節では、過疎地域における住民と行政の連携による地域活性化の取り組みを紹介する。

3　過疎地域における地域活性化

（1）榛名神社・社家町

　本節で取り上げるのは、高崎市榛名地区の榛名神社・社家町である。ここは、榛名山（標高1,449m）の南側の中腹に鎮座する榛名神社の門前町であ

る。21世帯41人（2020年現在）が暮らし、宿坊（寺社の宿泊施設のこと）や土産物店、食堂などが立ち並ぶ。2017年には榛名神社に約52万人が参拝に訪れており、週末や連休などでは多くの観光客でにぎわっている。

　榛名地区は、前節で紹介した高崎市空き家緊急総合対策事業の制度7「定住促進空き家活用家賃助成金」で、人口減少地区として助成金の上限が500万円に引き上げられている地区でもある。2006年10月に旧榛名町が高崎市と合併、現在、榛名神社・社家町は高崎市榛名山町の一部となっている。社家町も7割以上が高齢者であり、限界集落とも言える状況である。しかし、約20年前は現在よりも厳しい状況であった。地域住民と行政、研究者など多くの関係者の協力で地域活性化を推進したことにより、現時点では何とか持ちこたえている。

　そもそも榛名神社は、関東一円の農民の榛名講で多くの参拝者を集めてきた歴史があった。社家町も宿坊が100近くもあり、繁栄の歴史があった。昭和の時代も中小企業の社内の講、会社の団体旅行などもあり、一定の参拝者を集めていた。しかし、1980年代ごろから、榛名神社への参詣の目的が信仰から非日常性を楽しむ観光重視へ変化、また旅行スタイルも団体旅行から家族・個人単位に変わるようになった。結果として、榛名神社の参拝者は減少し、社家町も衰退することとなった（戸所　2007：戸所　2010）。そのような苦境を乗り越えるため始まったのが、地域住民と行政の連携による地域活性化の活動だったのである。これがなければ、社家町の状況は現在よりも厳しいものとなっていたであろう。

（2）社家町の地域活性化の歩みと現況

　社家町の活性化の動きは、2002年に旧榛名町による地域振興計画の策定作業が実施されたことがきっかけであった。戸所隆高崎経済大学教授（当時）を委員長として計画が策定された。ここで榛名神社と社家町の観光的価値を評価し、改善案を提言したのであった。この動きを受けて2002年に始まったのが、「幽玄の杜音楽会」であった。国指定重要文化財の神楽殿をライトアップし、そこでクラシックやジャズが演奏されるもので、荘厳な雰囲気の

中で一流の演奏を味わうことができる。地域住民と旧榛名町役場担当職員
の尽力により、開催にこぎ着けることに成功したものである。その後も継
続して開催され、榛名神社と社家町の再生のシンボル的事業となった（戸
所　2010）⁽¹⁰⁾。

　2003年には地域住民の代表、自治体職員（事務局）、建築家や歴史研究者、
文化財保護関係者など多彩な公募委員で構成される「社家町活性化委員会」
が29名で発足した。会長には榛名町長（当時）、委員長には戸所教授が就任
した。委員会は部会制を採用し、①榛名神社や社家町の散策を楽しめるよう
に環境整備を提言する部会、②歴史的建造物の保存と景観形成を提言する部
会、③食文化と芸術に関する部会で構成された。これらの成果は、非日常性
を楽しむ現代的な観光に合わせた環境の整備、グルメ（地場産蕎麦粉を使用
した門前そばの開発、11月下旬の「新そば祭り」の開催）や音楽会の継続的
開催というかたちで残ることとなった。2000年代後半に30万人台だった参拝
者・観光客数は、2010年代後半には50万人を超えるまでになった。

　2020年段階では、新しい土産物の開発に関する部会、榛名神社のボランテ
ィアガイド育成の2つの部会が設置されており、外部に向けてつねに魅力を
発信するように取り組んでいる。筆者のゼミの学生も両部会に参加し、活性

写真Ⅷ－1　幽玄の杜音楽会

（筆者撮影）

写真Ⅷ－2　「新そば祭り」期間にボランティアガイド
を行っている八木橋ゼミの学生

（出典：榛名観光協会榛名神社支部より提供）

化に協力している。

　地域住民、行政、外部有識者の連携により、社家町の地域活性化は、現時
点では地域の衰退を押しとどめていると評価できるであろう。市町村合併後
は、高崎市榛名支所が継続的に支援を続けており、社家町活性化委員会も上
述のように新規の話題づくりに励んでいる。とはいえ、住民の減少や高齢化
の問題は残されたままである。地域活性化の次代の担い手をどのように育て
るかが、今後の課題であろう。

4　小　括

　人口減少社会の日本では、自治体間競争や空き家対策など、人口が増加し
ていた時代にはあまり目立たなかった問題に、自治体や地域住民が向き合わ
ざるをえない状況が生じている。自治体が知恵を絞り、地域住民が自分たち
の問題として積極的にかかわる必要が出てきたのである。そのわかりやすい
事例を、高崎市を参考に見てきた。これらの事例は、高崎市に特殊なものと
いうわけではない。シティプロモーションでは、どこにでもある後継者不足
に悩む地域の名店紹介である。どこにでもある素材をどのように生かすのか、

という着眼点である。地域活性化の場合、行政と住民の連携という活性化に向けたプロセスやしくみは、典型的だったとも言える。違いがあるとすれば、自分たちが持つ資源の魅力に気づき、徹底的に生かしていることである。安易に成功例をまねるのではなく、考え抜いた結果が成功に導いているのである。

　もちろん、人口減少の流れを覆すことは、一地方都市では不可能である。とはいえ、何もしなければ地方都市の衰退は不可逆なものになってしまう。高崎市の取り組みは、一時的な成功かもしれないが、次世代に新しい方策を考える時間的な猶予を与えるものであったと評価できるであろう。

《まとめ》

　高崎市のシティプロモーションや空き家対策は行政主導、地域活性化は行政と住民の連携という違いはあった。しかし、人口減少社会を乗り切るためには、どのような施策にも官民の協働が不可欠ということがわかる実践であった。問題は、人口減少社会の深刻さである。地方都市の努力で克服できるものではない。国家レベルで対策を検討すべき問題である。移民を増やすのか、出生数が増加に転じるまで耐えるのか、読者にもぜひ対策を考えてもらいたい。

参考文献

総務省統計局「平成30年度住宅・土地統計調査」（2018年）

戸所隆「音楽会を核とした榛名神社社家町の再活性化政策の成果と課題」『地域政策研究』第9巻第2・3号（高崎経済大学地域政策学会、2007年）

――『観光集落の再生と創生　温泉・文化景観再考』（海青社、2010年）

八木橋慶一「NPOと自治体の空き家対策事業―高崎市「地域サロン改修助成金」を例として―」高崎経済大学地域科学研究所編『空き家問題の背景と対策―未利用不動産の有効活用』（日本経済評論社、2019年）

注

（1）「市勢要覧高崎市　新しい高崎（まち）の姿」より。　https://www.city.
　　takasaki.gunma.jp/docs/2015072700015/　検索日2020年11月27日
（2）シティプロモーション自治体等連絡協議会ホームページより。　https://
　　www.citypromotion.jp/%E3%82%B7%E3%83%86%E3%82%A3%E3%83%97%E3%83
　　%AD%E3%83%A2%E3%83%BC%E3%82%B7%E3%83%A7%E3%83%B3%E3%81%A8%
　　E3%81%AF%EF%BC%9F　検索日2020年11月27日
（3）AERA dot.「異例の広告賞受賞！　高崎市発の「絶メシリスト」はなぜ成功
　　し た の か？」（2019年 6 月10日）　https://dot.asahi.com/dot/2019060400013.
　　html?page=1　検索日2020年11月28日
（4）以下、本節の記述は、八木橋（2019）にもとづく。データは最新のものに変
　　更した。
（5）総務省統計局（2018）「平成30年度住宅・土地統計調査」より。
（6）国土交通省ホームページ「空き家・空き地バンク総合情報ページ」より。
　　https://www.mlit.go.jp/totikensangyo/const/sosei_const_tk 3 _000131.html
　　検索日2020年11月28日
（7）高崎市（2018）「広報高崎」第1468号（平成30年 6 月15日号）、4 ページ。
（8）2018年 2 月13日に倉賀野上 3 区コミュニティセンターにて同館長の宮井悠紀
　　夫氏に聞き取りを行った。
（9）2018年 2 月 1 日に上中居町第 1 町内会集会所にて同区長の牧田忠久氏に聞き
　　取りを行った。
（10）重要文化財に指定されている境内の 4 棟が改修工事に入ったため、2019年か
　　ら「幽玄の杜音楽会」は休止している。

Ⅸ　社会起業のまち
―横浜市におけるワーカーズ・コレクティブの展開―

《はじめに》

　本章では、横浜市を中心に展開しているワーカーズ・コレクティブの活動を紹介する。ワーカーズ・コレクティブとはどのような組織なのか、彼らが目指している働き方はどのようなものかを見てみることになる。また、なぜ横浜でワーカーズ・コレクティブが生まれたのかを解説し、社会貢献とビジネスの両立を目指す社会起業との関係についても触れる。最後に、現在の状況と課題、将来の可能性について触れる。

《キーワード》

　ワーカーズ・コレクティブ、社会起業、生活協同組合、連帯経済、労働者協同組合法

………………………………………………………………………………………

1　協同組合と連帯経済

（1）協同組合

　本章は、国内では横浜市ではじめて生まれたワーカーズ・コレクティブについて紹介する。ワーカーズ・コレクティブとは、通常の雇用関係とは異なる働き方を模索する組織や事業体のことである。多くの人たちは、企業（雇用主・使用者）に会社員（被雇用者・被用者）として勤務する。簡単に言えば、「雇う・雇われる」の関係である。ワーカーズ・コレクティブは、組織で働く人の自主性や主体性を尊重し、彼らの経営への参加も当然のこととする。組織とそこで働く人たちのヨコあるいは水平の関係を、組織の原則とするのである。また、「消費者運動や市民運動の参加者、生協の組合員などが、共同出資し、自らも労働者となって働く自主管理の事業体。リサイクルショ

ップや、自然食レストラン、無農薬野菜の販売など多くの職種で行われている。生産協同組合」（大辞泉より）との説明があるように、協同組合の一形態でもある。

　さて、上述のように協同組合の一形態とされるが、この協同組合という組織とはどのようなものであろうか。

　歴史を紐解けば、協同組合は産業革命の影響から生まれたものと言える。というのも、産業革命により「労働者」という新しい階級が生まれたが、当時の労働者は簡単に失業したり、長時間労働や低賃金を強いられたりといった厳しい環境に置かれていた。さらに、混ぜ物の入った商品も当たり前に売られている時代で、多くの労働者が悲惨な生活を送っていた。この状況に対して、19世紀前半にイギリスのロバート・オーウェンが、労働者の生活改善を実践する運動を始めた。彼の運動は期待通りの成功を収めることはできなかったが、協同組合の思想的な起源とされる。

　組織形態の源流は、1844年にマンチェスター近くのロッチデールで設立された「ロッチデール公正先駆者組合」とされる。28人の労働者が1人1ポンドを出資し、日用品の共同購入事業を始めた。オーウェンの思想を受け継ぎながら、事業が継続できるように現実的な運営のためのルールやしくみをつくったのであった。①1人1票の民主主義の原則、②加入脱退の自由、③出資配当の制限、④利用高に応じた割戻、⑤現金取引、⑥偽物や混ぜ物のない純正な商品の販売などの原則（「ロッチデール原則」）が定められた。これは、現在の協同組合の原則の基盤となっている（志波　2009）。

（2）社会的経済・連帯経済

　協同組合と社会起業を語るうえで外せないのは、社会的経済と連帯経済という言葉であろう。

　社会的経済とは、協同組合、共済、アソシエーション（非営利組織）といった組織の総称である。おもにヨーロッパで使用される表現である。その原則について、山本（2014）は次のようにまとめている。①利潤を生み出すことよりもメンバーやコミュニティへの貢献を目的とする、②自主的な管理、

③意思決定過程における民主性、④所得分配における資本に対する人間と労働の優越性、である。上述の協同組合原則とかなりの部分で重なっていることがわかるであろう。Ⅳでも触れたように、協同組合は社会起業との親和性が高いのである。

　もうひとつ重要な言葉が、連帯経済である。連帯経済とは、「政府や市場に対して透明性、説明責任を監視し、政府に対しては公共政策、企業に対しては社会的責任の実行を促し」、「他方で、市民社会の分野で社会的企業、コミュニティ事業、フェアトレード、NPO、市民金融、地域通貨、環境保全等の非営利活動をすすめ、自ら地域社会の民主化を通じた地域再生や雇用創出、人材育成、ジェンダー平等、そしてグローバル化時代に増大する外国人や「弱者」とされた人びとの社会的包摂と人権強化等の担い手として、経済社会活動の新たな展開を」進めるものとされる⁽²⁾。社会的経済と比較すると、運動の側面が強調されていることがわかる。

　上述の連帯経済の定義からわかるように、社会的経済の担い手は連帯経済に含まれると言ってよい。一方で連帯経済自体は運動的な側面が強いため、社会的経済の範疇よりも広い。組織のタイプに着目する社会的経済、運動や価値体系に重点を置く連帯経済、とも言える（リピエッツ　2011）。ワーカーズ・コレクティブは事業体であるが、同時に運動でもある。後述するように、その活動は連帯経済で掲げられたものと重複する。また連帯経済の活動は、社会起業と相通じる部分がある。社会起業、社会的経済、連帯経済といった用語は、それぞれに独自の定義を持ちつつも、似通ったテーマに触れているのである。共通点としては、社会問題への意識、資本主義経済への一定の留保、非営利性や協同性の重視、そして事業活動をあげることができる。

2　ワーカーズ・コレクティブとは

（1）定義と日本での展開⁽³⁾

　ワーカーズ・コレクティブは労働者協同組合とも訳される。つまり、働く人同士の協同組合ということである。働き方（労働）について、同じ目的や

考え方を持った人たちが集まり、自分たちで仕事そのものを創出し、協力しながら事業運営を行う組織ということである。国際協同組合同盟の一部門である労働者協同組合委員会（CICOPA）は、以下のような性格を持つ組織と定義する（CICOPA 2005）。

1．組織の目的は持続性の高い雇用の創出と維持およびメンバーの生活の質の向上に役立つ豊かさを生み出すこと
2．職場における自由と自発性のある組合員制
3．原則として仕事は組合員が行うこと
4．協同組合と組合員の関係は通常の賃労働や個人事業とは異なるものであること
5．組合員の同意および承認に基づく民主的な内部統制
6．自治と自立があること

基本的には協同組合の一般的な原則を踏襲している。職場環境や雇用など、労働者に焦点を当てていると言える。

日本では、労働者協同組合にワーカーズ・コープ（一般にこちらが労働者協同組合と表記される）とワーカーズ・コレクティブの２つのタイプがあり、それぞれで発展してきた歴史がある（たとえば、田中 2011）。前者のワーカーズ・コープは、1970年代に政府の失業対策事業の打ち切りへの対策として、労働者の雇用確保を目的に設立されるようになった組織である。大高（2013）によると、公園緑化事業など自治体の委託事業を中心に発展し、現在では公共サービス業務（公共職業訓練などの委託事業や公共施設の管理運営、若者・障がい者支援など）にも事業を展開している。

これまで、ワーカーズ・コープやワーカーズ・コレクティブといった労働者協同組合を対象とした法律はなかった。そのため、これらの団体は独自の法人格を持てず、中小企業等協同組合法に基づく企業組合、NPO法人や社会福祉法人といった他の法人形態、さらには任意団体として活動を行わざるをえなかった。しかし、2020年6月に衆議院に全党・全会派の賛同による議員立法として、「労働者協同組合法案」が提出された。そして、12月に参議

院本会議にて全会一致で可決、成立した。これにより、ワーカーズ・コープやワーカーズ・コレクティブは独自の法人格を持つことが可能になり、名実ともに「働く人が自ら出資し、運営にも携わる「協同労働」」（東京新聞2020年12月5日）に基づく協同組合が生まれることになる。

（2）ワーカーズ・コレクティブ

　河村によると、ワーカーズ・コレクティブ（W.Co）とは、一般的な「雇用労働」に対して、「雇う・雇われる」という関係ではなく、一人ひとりの主体的な参加による「働き場の創出」「労働のあり方」への転換を目指した運動およびその組織とされる。このワーカーズ・コレクティブの国内第1号が、1982年に神奈川県横浜市で設立された「W.Coにんじん（人人）」である（現在は企業組合ワーカーズ・コレクティブ・ミズ・キャロット）。W.Coにんじんの設立呼びかけでは、働くことの真の意義は物質的所有の追求だけでなく、新しい自己の発見、充実した人生を目指すとされた。ワーカーズ・コレクティブの考え方がよく表れていると言える（河村・八木橋　2014）。

　W.Coにんじんの発足以降、横浜市や神奈川県でワーカーズ・コレクティブが拡大したことで、1989年に神奈川ワーカーズ・コレクティブ連合会が設立された。同連合会は、1995年のワーカーズ・コレクティブの全国会議（当時）での提案をもとに、神奈川版「価値や原則」を定めている。やや長いが、ワーカーズ・コレクティブの考え方がよく表れているので全文を紹介したい。以下の通りである。

表Ⅸ-1　神奈川ワーカーズ・コレクティブ連合会「W.Coの価値と原則」神奈川・改訂版Ⅱ

定義 　ワーカーズ・コレクティブ（以下W.Coと略す）は地域に暮らす人たちが生活者の視点から地域に必要な「もの」や「サービス」を市民事業として事業化し、自分たちで出資し、経営し、労働を担う雇われない働き方の組織を言います。 価値 （基本理念） 1．ワーカーズ・コレクティブ（以下W.Coと略す）は、自立、自由、民主主義、公正、平和の理念に基礎をおきます。 2．お互い様のたすけあいの気持と相手を尊重する正直な態度を大切にします。

（基本課題）
1．社会的有用労働の価値
　社会的有用労働である家庭内や地域におけるアンペイドワークの価値と役割を高めます。
2．コミュニティへの貢献
　事業による利益を得ることを目的とするのではなく、地域に住み暮らす人々の生活価値を満たすことを目的として「もの」や「サービス」を生産し、「コミュニティワーク」を広げます。地域でより直接的に交換でき使いやすいことを想定する自主管理価格は市場への牽制力ともなる「コミュニティ価格」です。
3．市民自治の推進
　市民による自助・共助・公助を広げ、暮らしやすい地域社会につくり・かえるために、市民自治を推進します。
4．市民資本セクターの拡大
　税金資本セクターと産業資本セクターに対し、「市民資本セクター」を広げ、市民社会の改革と転換に寄与します。
5．法令・制度の整備
　W.Coの働き方を社会化するために法令・制度の実現をめざします。
6．リカレント型社会への転換
　雇用契約労働に対する「もう一つの働き方」を増やし、持続可能なリカレント型社会への転換を図ります。
7．ノーマライゼーション社会を拓く
　「ジェンダーフリー」や「多文化共生」の社会的、政治的条件整備に貢献し、生活者・市民が主体となる「ノーマライゼーション」社会を拓きます。

原則
1．目的
　1）働く人の協同組合として、人間的、社会的、経済的自立をめざす人々が、地域社会の多様なニーズに対応するために、コミュニティに開かれた労働の場を協同でつくり出し、その「生み出された価値」を共有して分け合います。
　2）納得できる分配方法による労働対価と公正な社会保障の実現を目指し、メンバーの生活文化の向上・改善を図ります。
　3）環境保全・社会福祉・民際交流・活力あるコミュニティのための実践を通して市民社会の発展と成熟に貢献します。
2．加入と脱退
　1）自発的意思によって出資をして加入し、自由に脱退できます。
　2）自らの事業規模、計画、目標の達成見通しなどに基づき、加入を制限することがあります。
3．運営
　1）アマチュアの精神で運営し問題・課題を解決します。
　2）一人一票のメンバー主権と直接民主主義の運営をめざします。
　3）運営情報を記述し公開して、一人ひとりがパートナーシップを発揮して事業経営に責任を負います。
　4）メンバーは参加と委任の契約関係を代わり合って共有します。
　5）リーダーは情報を開示し、「互いを育み批判を受け入れる態度」を持ち「説明し同意を得る責任を」を担います。
4．財務

1）メンバーは、W.Coの目的や事業の社会的性格に自覚を持ち、事業展開に必要な市民資本を準備します。
2）財務管理は複式簿記により、業務執行に関する情報とともに公開します。
3）剰余金の処分に関しては、公正な税を支払い、積立金のほかに共済、教育、基金などへの充当を優先します。
4）剰余によって生じた資本の一部分は、不分割とし、個人に帰さないものとします。
5）解散による清算後の組合財産は、他の協同組合またはW.Coに譲ります。
5．共育（教育）および広報
1）運動と事業の実践の中から得た成果や課題を共有し学び合うこと「共育（ともいく）」を大切にします。
2）W.Coは、共育や教育・研修を通して、社会、経済、政治、文化、エコロジーなどのあり方について問題意識を持ちます。
3）アマチュアとして生活価値を実現するために必要な知識や技術の専門性を高めます。
4）W.Coの社会的認知を高め運動推進を図るために、W.Coの特質と優位性を広く知らせます。
6．協同組合間協同・連携
W.Co相互や他の協同組合が連合、連携して、共済や共同事業を開発し、協同組合やコミュニティの資源の活用を進め、協同組合地域社会の実現をめざします。
7．「税金資本セクター」「産業資本セクター」との連携
1）W.Coは政党や行政府その他の公的・社会的組織から独立した非営利市民事業団体としての自立的対応力を高めます。
2）双務契約に基づき役割分担をはかり実践します。
3）独立性と対等性を維持発展するために、必要に応じて中間組織をつくり活用を図ります。

（出典：神奈川ワーカーズ・コレクティブ連合会　http://www.wco-kanagawa.gr.jp/j7.html　検索日2020年11月25日）

　上述の「労働のあり方」の転換を目指した運動および組織というだけでなく、ワーカーズ・コレクティブとは市民と地域に根差した事業体ということがわかる。

3　横浜市におけるワーカーズ・コレクティブの活動

（1）横浜市の特徴：社会起業を生む素地

　ワーカーズ・コレクティブの第1号は横浜から生まれた。横浜にワーカーズ・コレクティブを、社会起業を育てる土壌があったからと考えられる。新しい運動や事業は偶然をきっかけに生まれることはあるが、何か素地となるものがあるかもしれない。そこで、本項では横浜市の概要に触れることで、手がかりを探る。

横浜市は人口約375万人（約173万世帯）が暮らす国内最大の市区町村である。高齢化率は24.7％となっている（横浜市ホームページより）。このまちでワーカーズ・コレクティブが発展した背景として、ひとつは市民の自治活動が盛んな点が考えられる。たとえば鳴海は、1960年代に始まった高度経済成長期に東京からあふれた人たちが、神奈川県に、横浜市に押し寄せたことで生じた生活環境の悪化の影響を指摘する。旧住民だけでなく、新住民たちの危機感も高まり、住民・市民運動が活発化したとする（鳴海　2016）。こうした中で1963年に社会党（当時）の衆議院議員であった飛鳥田一雄が市長に当選、いわゆる革新自治体が誕生する。市政では「一万人市民集会」の開催や「区民会議」の制度化など、市政への市民参加を活発化させた（上林　2016）。上からの市民参加という側面は否めなかったものの、市民自治の意識を醸成しようと腐心したことは間違いなかった。[4]

　飛鳥田市政の終わりごろには、市民運動の側でも動きがあった。1980年に生活クラブ生協・神奈川の組合員が中心となり、横浜市など7市で合成洗剤を追放する条例制定を求める直接請求運動が始まった。22万人の署名が全市で否決されたことをきっかけに、「議会に自分たちの代表を送ろうと生活クラブの「代理人運動」がスタート」[5]した。この運動をもとに、神奈川ネットワーク運動という地域政党が成立している。じつは、この運動のきっかけとなった生活クラブ生協・神奈川の女性組合員たちが、生産地を確認できる共同購入活動から、W.Coにんじんを発足させたのである（河村・八木橋　2014）。

　生活クラブ生協・神奈川は、上述の合成洗剤追放や食の安全を求める運動を行ったが、それは単なる抗議や反対の運動、あるいは陳情型の運動でもなかった。「市民が主体的に都市生活の諸問題に取り組み、福祉を含む幅広い分野で、市政に参画する運動」を組織化したからである（岡　2016）。ワーカーズ・コレクティブは、都市の諸問題に市民側が自発的に取り組む事業活動である。「価値と原則」からもわかるように、その先には市民自治の追求があった。ワーカーズ・コレクティブが横浜で生まれ、発展したのは、当然

の理由があったと言える。

（2）ワーカーズ・コレクティブの現況⁽⁶⁾

　1982年のW.Coにんじんの創設以降、横浜市や神奈川県のワーカーズ・コレクティブは順調に発展した。

　1992年には、生協の物流・配送業務を請け負うW.Coキャリーが誕生した。W.Coキャリーはその後、事業の分割が行われたが、現在では企業組合ワーカーズ・コレクティブ・キャリーに統一されている。また、少子高齢社会を見据えて、1985年には地域での「お互い様のたすけあい」精神に基づく家事介護サービスのワーカーズ・コレクティブも設立された。地域のニーズに気づき、移動サービスや配食サービス、保育サービスの提供も始まったのである。これら福祉サービスを担うワーカーズ・コレクティブも、社会の変化に合わせて次々に設立された。家事介護サービスは、2000年の介護保険制度導入に伴い拡大した。現在では、デイサービスや居宅介護支援サービス、有料老人ホーム等の生活支援サービスを行うワーカーズ・コレクティブが多数存在している。

　2004年にはワーカーズ・コレクティブ協会が設立されている。同協会は、「地域の生活者が抱える問題を解決するために、市民が非営利事業を起業することを支援」するのを目的として掲げている。[7]この目的に基づいて、社会的不利な立場にいる人たちの社会参加・就労支援を行っている。協会の横浜市内での活動だが、たとえば、生活困窮者自立支援制度に基づく横浜市就労準備支援事業を受託していることがあげられる。また、よこはま若者サポートステーションとの連携で、ジョブトレーニングコーディネート事業も実施している。[8]横浜市（や神奈川県）のワーカーズ・コレクティブは、福祉を含む地域の多様な課題に取り組んでおり、まさに福祉社会の担い手になっていると言えるだろう。

　一部ワーカーズ・コレクティブの実態について、神奈川ワーカーズ・コレクティブ連合会の調査から抜粋して紹介する（表IX－2）。この表から、生協関連事業、協同組合間の連携、地域に根差した活動を行っていることがわ

表IX-2　ワーカーズ・コレクティブの実態（2019年度）の一部紹介

- 企業組合ワーカーズ・コレクティブ・キャリー
　　メンバー数：187人　　　　11ブランチ（営業所）
　　総事業高：55,111万円　　　出資金：9,227万円
　　総労働時間：175,349時間　　総分配金：40,120万円（分配金とは：報酬対価）
　　事業内容：生活クラブ生協関連の配送

- 経理W.Coあれんじ
　　メンバー数：11人
　　総事業高：1,141万円　　　　出資金：69万円
　　総労働時間：4,896時間　　　総分配金：777万円
　　事業内容：経理事務業務受託（W.Co連合会、W.Co協会他）W.CoやNPO等の経理・
　　　　　　　税務相談、会計講座

- NPO法人W.Coたすけあいぐっぴい
　　メンバー数：35人
　　総事業高：4,708万円　　　　出資金：（NPO法人のため別の形で計上）
　　総労働時間：10,907時間　　　総分配金：2,653万円
　　事業内容：生活支援（家事援助、産前産後支援）、介護保険事業、利用者の住宅提供
　　　　　　　（ばぁばの家あさだ）によるコミュニティサロン、その拠点活用による親
　　　　　　　子のつどいの広場（ぐらんまの家、横浜市介護予防・生活支援サービス補
　　　　　　　助事業　等）

（出典：神奈川ワーカーズ・コレクティブ連合会（2020）『2020年版実態調査報告書』）

かる。

　神奈川県内のワーカーズ・コレクティブは、2020年5月段階では134団体3,780名が会員となっている。会員ワーカーズ・コレクティブの総事業高は、約52億円（2019年度）である。[9]連合組織別では、東京など他の地域の連合組織の事業高を大きく上回っている。[10]連合会の2020年実態調査によると、134団体のうち約半数の66団体が横浜市に存在する。横浜市はワーカーズ・コレクティブのまち、あるいは社会起業のまち、と言えるであろう。

　とはいえ、課題はある。2005年度前後をピークに（会員約220団体約6000名、総事業高約60億円）、神奈川県内のワーカーズ・コレクティブは会員数や総事業高を漸減させているからである。ワーカーズ・コレクティブの運動に当初からかかわってきた人たちが第一線から退くようになり、世代交代が必要となっているが、十分に進んでいないということである。また、生活クラブ生協・神奈川の女性組合員の活動から始まったように、多くのワーカーズ・コレクティブは女性が中心となって支えてきた。しかし、女性の働き方

も変化しており、より多様なメンバーの参加も求められるようになっている。[11]
これらの課題をどのように克服するかが、新しい発展の鍵であろう。

4　小　括

　地域コミュニティのさまざまな課題、とりわけ福祉のような生活に密着し
たものに、市民が自発的に事業を立ち上げてサービスを提供することは、今
後よりいっそう重要になるのは間違いない。というのも、人口減少社会に突
入している日本では、多くの地方自治体で財政的な余裕がなくなることが予
想されるからである。社会起業は個人による独創的な活動ばかりではない。
地域に根差し、住民同士が助け合うことを前提にしたビジネスも十分に含ま
れる。そのひとつの典型がワーカーズ・コレクティブと言える。彼らが目指
し、挑戦している「もうひとつの働き方」は、人口減少社会に直面している
現代日本において、示唆に富むものであると考える。とはいえ、現在は成長
が止まっている。そのような状況で、労働者協同組合法の成立が、ワーカー
ズ・コレクティブの再活性化を促すかもしれない。福祉社会の今後を考える
なら、ワーカーズ・コレクティブの動向に注目する必要があろう。

《まとめ》
　横浜でワーカーズ・コレクティブが生まれたのは、首都東京の急激な発展
が遠因であった。生活環境を守り、よりよい暮らしを望んだ、住民・市民の
自発的な運動からである。ところで、彼らが目指す「雇う・雇われる」では
ない働き方は、過労死やブラック企業といった表現があふれている現代社会
において、何か立ち止まって考えさせるものがあるのではないだろうか。読
者のみなさんにもぜひ考えてほしい。

参考文献

英文

CICOPA *WORLD DECLARATION ON WORKER COOPERATIVES*, Approved by the ICA General Assembly in Cartagena, Colombia, on 23 September 2005

和文（翻訳本を含む）

大高研道「労働者協同組合の展開過程と今日的特徴」藤井敦史・原田晃樹・大高研道編『闘う社会的企業―コミュニティ・エンパワメントの担い手―』（ミネルヴァ書房、2013年）

岡眞人「シンポジウムの感想―残された課題」『自治研かながわ月報』第221号（神奈川県地方自治研究センター、2016年）

神奈川ワーカーズ・コレクティブ連合会『2020年版実態調査報告書』（2020年）

上林得郎「飛鳥田市政の先導的施策とその後の横浜」（年表あり）『自治研かながわ月報』第221号

河村尚子・八木橋慶一「神奈川におけるワーカーズ・コレクティブの実践―日本における新たな協同組合運動の一素描」山本隆編『社会的企業論―もうひとつの経済』（法律文化社、2014年）

志波早苗「コミュニティビジネスにおける協同組合の可能性」『コミュニティビジネス入門　地域市民の社会的事業』（学芸出版社、2009年）

田中夏子「社会的経済における「協同労働」の展開と課題」大沢真理編『社会的経済が拓く未来―危機の時代に「包摂する社会」を求めて―』（ミネルヴァ書房、2011年）

鳴海正泰「神奈川の戦後70年と革新自治体―戦後神奈川の革新自治体の成果と課題―」『自治研かながわ月報』第221号

山本隆編『社会的企業論―もう一つの経済』（法律文化社、2014年）

アラン・リピエッツ（井上泰夫訳）『サードセクター　「新しい公共」と「新しい経済」』（藤原書店、2011年）

注

（1）協同組合の国際組織である国際協同組合同盟（ICA）は、1995年に「協同組合のアイデンティティに関するICA声明」を採択した。現在、協同組合はこの原則に従って活動しているということになる。以下の通りである。

第1原則　自発的で開かれた組合員制

第2原則　組合員による民主的管理（1人1票制など）

第3原則　組合員の経済的参加（出資配当の制限など）

第4原則　自治と自立

第5原則　教育、訓練および広報

第6原則　協同組合間協同

第7原則　コミュニティへの関与

（2）アジア連帯経済フォーラム2009のホームページより。　http://
　　solidarityeconomy.web.fc2.com/aboutSE.html　検索日2020年11月29日
（3）以下、近年の動向以外は、河村・八木橋（2014）にもとづく。
（4）なお、1975年には長洲一二（横浜国立大学教授）が神奈川県知事に当選、県
　　自体も革新自治体となっている。
（5）神奈川ネットワーク運動のホームページより。　https://kanagawanet.org/
　　ayumi　検索日2020年11月25日
（6）以下、更新したデータ以外は、河村・八木橋（2014）にもとづく。
（7）NPO法人ワーカーズ・コレクティブ協会のホームページより。　https://
　　www.wco-kyoukai.org/aboutus.html#aboutorg　検索日2020年11月26日
（8）神奈川県内も含めたこれらの事業の概要は、同協会のホームページから確認
　　できる。　検索日2020年11月26日
　　・自治体との連携　https://www.wco-kyoukai.org/collabo_jichitai.html
　　・支援団体との協同連携　https://www.wco-kyoukai.org/collabo_shien.html
（9）神奈川ワーカーズ・コレクティブ連合会のホームページより確認した。
　　http://www.wco-kanagawa.gr.jp/n1.html　検索日2020年11月26日
（10）神奈川ワーカーズ・コレクティブ連合会の折原佐知子専務理事（当時）の講
　　演資料より。講演は2015年12月11日、タイトルは「もうひとつの働き方　ワー
　　カーズ・コレクティブ」（於高崎経済大学）である。
（11）注10の講演資料より。

X　福祉社会と都市コモンズ
―英日の動向を踏まえて―

《はじめに》

　今、コモンズが注目されている。コモンズとは住民の生活に密着した不可欠の共有空間である。その関心の高まりの背景には、インターネット、ネットワーク・ツールが社会的つながりを拡張しているという事情がある。クリエイティブ・コモンズ、オープンソース・ソフトウェア、ソーシャルメディアは従来にはなかった新たなコモンズの創出を可能にしている。また、大学にはラーニング・コモンズを設けているところもある。

　都市の場合では、共同菜園が代表的なコモンズと言える。また様々な主体によるカフェや子ども食堂などは、新しい公共的な取り組みであり、コモンズの要素を備えている。

　そもそも私たちの日々の生活は、大きくは国家、地方自治体、そして小さくは自治会といった近隣との人間相互の営みの中で成り立っている。近年、現代社会では都市や地方、また村落において特有の問題が顕在化している。例えば、都市マンションやアパートにおける住民間の無関心、近隣地域では共同意識の希薄化がある。一方、貧困と格差という社会問題の観点からは、社会的包摂が大きな課題となっており、包摂を促進する場として、従来型の共同体の再生ではなく、個人の自立と権利を基礎とする新たな地域社会の構築が求められている。本稿の目的は、新たな「共」（共有のもの、共同のもの）の領域を指向するコモンズの意義について、事例を通して考察することである。[1]

《キーワード》

　コモン、コモンズ、共同性、ローカリズム法、パブ

1　今、なぜコモンズなのか

　パリ、ロンドン、ニューヨークでは、共同菜園がブームになっている。日本では、市民農園という言葉で人気が高まっている。⁽²⁾菜園は身近なところで土を耕し、新鮮な野菜を育てて味わうという、地域の人々に憩いの場を提供している。菜園は「共」の空間を提供し、人々を結びつけている。この共同菜園の広がりが、今後どのような形で、まちづくりへと発展できるのか、「共」の営みは広く私たちの暮らしとつながり始めている。

　コモンズの議論が高まっているのは、私たちが以前に「公共」と思っていた領域が、後退しているからである。イギリスの状況をみてみると、緊縮財政の下で、公共サービスは大幅に削減されてきた。公営住宅は売り払われ、公共スペースは縮小しているのである。デヴィッド・ハーヴェイ（Harvey, D.）によれば、共有地や共同管理サービスが増える背景には、公共の利益のために都市を取り戻したいという願望があるという（ハーヴェイ　2013：150-154）。新自由主義の風潮の中で、コモンズは公と私のセクターのはざまで息を吹き返したのである。

　エリノア・オストロム（Ostrom, E.）は、コモンズの研究でノーベル経済学賞を受賞した。彼女はコモンズにルールを設ける必要があると述べ、抑制と均衡の仕組みが有効であるならば、共有資源がいわゆる「共有地の悲劇」（誰かがその人の割り当て分以上に取ってしまう利己的な利用のこと）に陥らずに済むことを証明した。⁽³⁾

　日本ではコモンズへの関心は1980年代後半にみられている。宇沢弘文が「社会共通資本」という概念を提示する中で、コモンズに注目していた。宇沢の「社会的共通資本」の概念は、社会資本・自然資本・制度資本からなるが、コモンズ論、都市論、医療・教育、環境経済学など、様々な分野で広く参照されている。（宇沢ら編　1994：プロローグ）

2　コモンズとは何か―歴史が教えるもの―

　コモンズはイングランドが発祥地である。ロンドンでは、ウィンブルドン、クラパムなどで広大な緑地を見ることができ、今もコモンズが存在する。コモンズの管理は、「公」でもなく「私」でもなく、その中間にある「共」によるもので、言い換えれば地域住民による自治的管理に任されている。

　コモンズは、近代以前から、地域に住む農民たちが共有地に牛、羊、豚を放牧して、農民の生活に不可欠の共有空間になっていた。また、祭りやスポーツをその土地で楽しむ、レクリエーションの空間でもあった。その土地に所有権がないということではなく、その土地の果実や泥炭などを持ちかえる権利は近隣住民に属しており、自由にその土地に出入りできるという考え方が基本にある。

　近代に入り、領主や富裕な土地所有者が土地を売却し、効率的な農業経営を求めて、囲い込み（エンクロージャー）を行った。19世紀には鉄道が、そして20世紀には道路の建設が進んだ。この影響を受けて、コモンズは縮小していったのである。しかし、何代にもわたってその土地を使用してきた庶民にとっては、コモンズの縮小は生きるための権利の侵害である。その結果、囲い込みや土地開発に対する抵抗が各地でみられた。⁽⁴⁾そして、オープン・スペースにアクセスする権利が求められていった。

　1866年に、世界で最初の環境保護団体であるコモンズ保存協会が創立されている。その後、ロンドン郊外のエッピング・フォーレストをめぐる訴訟が起こった。エッピングの囲い込みに反対した農民は、コモンズ保存協会に相談を持ち込み、協会は農民への援助を決めた。当時コモンズ保存協会の中心人物であったショウ＝ルフェーブルがロンドン市長と面会し、ロンドン市がエッピング・フォーレストをオープン・スペースとすることを訴訟で訴えた結果、1870年にこの主張が認められて農民側の勝訴となった。エッピング・フォーレスト全体にアクセスする権利が公的に認められ、この地の原風景は守られたのである。現在エッピング・フォーレストは、ロンドン市の所有、

管理下にある。

　コモンズ保存協会はオープン・スペース協会と名称を変更し、今日も活動を続けている。以上から、コモンズを守る権利を勝ち取る過程において、裁判闘争があったことを銘記しておきたい（菅　2015：211-212）。

3　変化するコモンズ―新たな都市コモンズの実践例―

　新たなコモンズの事例について、英日で実践されているものを紹介しておきたい。

（1）イギリスの事例

アイビーハウス―パブの再建と地域再生―

　イギリスで一つの現象が生じている。それはパブ（public house）の店じまいである。パブと言えばイギリスの象徴的かつ伝統的な存在であるが、近年では地元の人々は足を運ばなくなっている。そこで、住民が閉鎖に追い込まれたパブの再開を願って、自分たちで店を所有し、共同経営に乗り出している。ここに新たなコモンズの形がみられるのである。

　ここで紹介するのはロンドンにあるアイビーハウス（the Ivy House）である。このパブはロンドンで最初に住民による共同所有となっている。2011年ローカリズム法の下で、イギリスで最初にコミュニティ・バリュー（地域社会にとって必要な価値を持つもの）を認定された。同法は、伝統ある資産を保存するために、地域住民が資金調達できる猶予期間を配慮しており、「コミュニティの入札権」という条項を盛り込んでいる。

　アイビーハウスの復活のストーリーは次の通りである。2012年4月にパブは閉鎖となり、不動産開発業者に売却されていった。そこで、再開を願う住民ボランティアが物件の取り壊しを防ぐために、住民の共同所有に必要な100万ポンドの調達に乗り出した。2012年10月に、住民グループはサザーク区に申請し、ローカリズム法が定めるコミュニティ・バリューの登録認可にこぎつけた。この登録の下では、アイビーハウスを所有した不動産開発業者は転売する際に、6か月の売却猶予期間を認めることになる。住民グループ

はこの期間に、ローンと助成金を組み合わせて100万ポンドを調達した。

　新生アイビーハウスはコミュニティ利益社会（community interest company，通称CIC）という形態の社会的企業となり、共済組合の運営方式を採用している。[6]所有したメンバーは、融資の多寡に関係なく、議決で一票の権利を持つ。重要な意思決定と財務管理は経営委員会の 5 人のメンバーに任されている。

　筆者は、2019年 8 月22日に、共同マネジャーのエミリー・ドレスナー（Emily Dresner）さんと経理担当のコリン・バック（Colin Buck）さんのヒアリングを行った。[7] 2 人によれば、シェフやバーテンダーなどのスタッフを住民が雇い、客を呼び寄せようと奮闘中とのことである。アイビーハウスの付加価値は地域にとって大切で、子育てママの集い、子どもたちのための演劇や映画上映を行っている。また、高齢者にはランチの会を催している。子どもの貧困に関わる事業としては、学校の休み期間中は無料学校給食（free school meal）がなくなるために、このパブがフードバンクとタイアップして、月曜から金曜まで、子ども食堂を展開している。

　コミュニティ・パブの運営形態であるが、1 ）行政が所有するタイプ、

写真Ⅹ－ 1 　共同マネジャーのエミリー・ドレスナーさんと経理担当のコリン・バックさん

（筆者撮影）

写真X-2　アイビーハウスの外観

（筆者撮影）

写真X-3　アイビーハウスの内観

（筆者撮影）

2）住民が所有するタイプ、3）その中間形態がある。アイビーハウスは第
3のタイプで、住民主体ながらも行政の支援を受けている。コミュニティ・
パブの利点について、プランケット財団は次のように述べている。

　「コミュニティのパブは単なる飲食の場ではない。小売店、郵便局、カ
フェなどの幅広い追加サービスを提供している。地元クラブが活動するた
めのスペースを提供するコミュニティやボランティア活動の巣となってい

る。積極的に包摂（inclusion）を促進しており、あらゆる年齢や背景の人々を巻き込むように配慮し、特に社会で最も脆弱な人々を対象にしている。そして、雇用の創出とボランティア活動の機会を通じて、孤立と孤独に立ち向かう上で積極的な役割を果たしている。」（Plunkett Foundation 2018：4）

アイビーハウスの事例から分かるように、都市コモンズの新たな理念は、参加型、自治型地域福祉にあり、市民の仲間同士の生産（peer-to-peer production）を提起し、21世紀の感覚を持つものになっている。[8]

（2）日本の事例

日本の事例も二つ紹介しておきたい。

1）やまわけキッチン―高齢化した団地におけるコモンズづくり―

やまわけキッチンは大阪府堺市、泉北ニュータウン茶山台団地の一室に2018年11月5日オープンしている。イートインもできる惣菜屋で、住民たちがDIYでリノベーションをした部屋を活用している。延べ181人の住民が参加して完成させた店舗である。

この団地は大阪府住宅供給公社が管理する総戸数936戸の賃貸住宅で、昭和40年代から開発が進んだが、現在は約800戸のうち4割以上は名義人が65歳以上の世帯、65歳以上の単身世帯も70戸を超えるなど（2018年12月現在）、高齢化が進んでいる。

高齢者の課題である買い物支援を進めており、コミュニティ開発を推進するために、やまわけキッチンの設立計画が始まった。改築資金はクラウドファンディングの活用と一般財団法人ハウジング・アンド・コミュニティ財団の助成金を活用し、公社は2020年3月までは無償で部屋を貸し出す形で支援している。[9]

2）いちばたけ―阪神・淡路大震災後の都市コモンズづくり―

いちばたけは、有志2人がチームカルタスというグループを結成し、市場の空き地を借り、地域の賛同者と共同して畑をつくっている。またチームカルタスに市場の若者が加わって、イベント等を企画し、地域活動を行ってい

る。

　場所は兵庫県阪急王子公園駅から徒歩10分のところにあり、駅の東側には多くの商店街がある。市場では、ここで生まれ育った三代目、四代目の店主が頑張っており、市場全体が一つのファミリーになっている。親世代も顔見知り、子どもたちも一緒に遊ぶ市場であることから、住民の紐帯は強い。いちばたけは、市場というかつての商業空間、公共空間を甦らせる実験となっており、小さな試みであるが、誰にでもできるコミュニティ再生の姿を映し出している。(10)

　以上、英日の事例から、都市コモンズは地域再生と参加型開発の重要な推進力となっていることが分かる。

4　都市コモンズが意味するもの

（1）参加型地域再生とコモンズ

　ハーヴェイによれば、都市とは、コモン（共同的なもの）を生産する場であるにもかかわらず、都市の共同性は失われてきたという。その例は、民営化や私有化、（ゲーテッド・コミュニティ・要塞まちなどの）土地の囲い込み、空間管理、監視システムの拡張などである。コモンズの見直し論の背景には、住民による自己防衛の論理がある。つまり、国家が公共財の供給を減らし、国の責任から手を引くという事態が福祉全般を危機にさらしている。その対策は、住民が自らコモンズを再構築し、自己組織化を行うことである。

　事例から分かるように、都市コモンズの理念は地域再生と参加型開発の重要な推進力を示している。都市コモンズを規定する理論枠組みに関して、以下のように、マズーコが4つの要件を提示している（Croso Mazzuco 2016：5）。

　第1は、公共空間（public space）である。都市コモンズは開放性が特徴であり、様々な手法を取り入れるために、あらゆるアクターにアクセス可能で柔軟でなければならない。

　第2は、集団型ガバナンス（collective governance）である。集合的かつ

非階層的なガバナンス構造を重視する。

第3は、実践的な行動（hands-on action）である。地域の発展を支援する実践的な活動に支えられており、「コ・プロダクション（共同生産）」の成果をもたらしている。このプロセスには学習（learning）が絡み合っている。

第4は、利益（benefits）である。コミュニティと都市開発は、集団的な統治と公共空間の再利用の結果であることから、その利益は個人レベルおよび集団レベルで発生する。例えば、利益としては、地域の経済開発、健康増進、エネルギーと食料生産などに還元することが可能で、都市コモンズを管理するグループが定めたミッションによって異なってくる。

これをまとめると、コミュニティ図書館、コミュニティ・パブ、共同菜園などは、コモンズのリソースそのものである。ペインター（Painter）は「…社会的ハブ、創造的空間、知識共有型プラットフォームを設けることにより、社会イノベーションは可能になる」と指摘している（Keith and Calzada 2018：3‐4）。このように都市コモンズは、様々な住居や文化の占有に対して正当性を主張でき、それらを制度に位置づけて、発展していく可能性を持っている。

（2）コモンズ戦略の延長線に見えてくる"垂直"と"水平"の関係

コモンズの保存や拡張について、地方自治体は調停者の役割を任されている。いかに所有者と市民の要求を調整していくのか。その決定は行政の権限に関わるからである。

コモンズを推進する組織は不安定な財源を基盤にしており、ボランティアの支援に依存している。その弱さがあるとしても、互酬的で商品化されていない社会関係は魅力がある。公益性に関心を抱く住民による、"水平的な"社会的関係は「共」の領域では大きな意義を持つ（Bianchi 2019）。

コモンズの発展性に期待を寄せるならば、コモンズの運動に権威を持たせ、財政基盤を付与することが必要になる。そこで求められるのが、基礎自治体に調停者の権限を付与するという、"垂直的な"政治指向を持つミュニシパリズム（Municipalism）である。その実践例はスペインのバルセロナ市で

ある。同市は、自治体の責任の下で、コモンズの構築を推進している。他に
も、住居の立ち退きに制限をかける住宅権を認めており、また女性市長の
下で、フェミニズムの権利を保障している。同市は「フィアレス・シティ
(Fearless Cities,「勇猛果敢な都市」)」というスローガンを掲げており、同
じミッションを掲げる都市と国際ネットワークを展開している。

　ミュニシパリズムの根底には、共有資源の管理のためには地方行政と市民
運動との共通戦略が不可欠であり、コモンズの資源を保持・拡張するため
に、都市を市民の手に取り戻すという思想がある。これは自治体改革論に基
づいており、代表制民主主義パラダイムの閉塞性を打開し、新しい自己統治
の形態を可能にする空間をつくり出そうとしている。ミュニシパリストたち
は、都市自治体が国民国家から多くの自治権を獲得すべきとしており、同時
に、人権と人道的基準を遵守する世界的な自治体ネットワークへの連合主義
を志向している。[11] ジョナサン・デービスはこのミュニシパリズムに親和的で
ある。

　ただし、この思想の礎を築いたブクチン自身は、この都市改革運動に楽観
的ではない。彼は、「リバタリアン型ミュニシパリズムのアジェンダは、…
最悪の場合、きわめて偏狭な目的のために利用される」と警戒している
(ハーヴェイ　2013：149)。直接民主主義を通じて機能する自治体と住民の
会議が政策決定の基礎となり、国家に取って代わるパワーを勝ち取れると判
断するのは夢想的かもしれない。権力のボトムアップが必要という主張は分
かるが、政治権力のスケールの問題には答えていない。

　それでもミュニシパリズムの思想は、ローカル・ガバナンスの再構築とい
う含意を持つ。[12] そこでは、意思決定の拠点を問題提起しており、今まさに行
政とコミュニティに根差した組織、社会運動団体の間で合意形成される参加
型の空間が求められている。ミュニシパリズムやフィアレス・シティの省察
は他稿に譲るとして、"水平的な"性格を持つ都市コモンズと、"垂直的な"
政治的決定の権限を持つ自治体の両者の関係を明らかにした上で、都市コモ
ンズ理論をさらに探求していく必要がある。

図X-1　都市コモンズとミュニシパリズムの相互関係
　　　　ミュニシパリズムと都市コモンズの相互関係

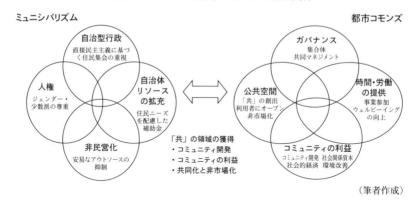

（筆者作成）

《まとめ》

　コモンズはイギリスの伝統であるが、近年新たなコモンズが創出されている。新たな「共」（共有・共同の領域）の領域のアクターとして再生しており、社会的孤立や貧困・社会的排除に取り組める「包摂型」枠組みが育ちつつある。本章では、イギリスを中心にして、福祉志向のコモンズの可能性を検討した。第1に、先行研究の流れでは、ハートとネグリ、ブクチン、ハーヴェイの著述が重要である。第2に、メゾレベルで、水平（互酬性と信頼）の視点から、福祉コモンズの構成要素である所有・公共空間・コミュニティのメリットを検証した。イギリスのパブの福祉志向の再利用は興味深い動きである。第3に、理論研究として、マクロレベルで、垂直（自治体による統治と調整）の視点から、コモンズを制度資本と認める基礎自治体の権限に着目し、自治型福祉行財政を志向するミュニシパリズムを検討した。

参考文献
英文
Bingham-Hall, J. (2016) Future of cities: urban commons and public spaces

https://www.gov.uk/government/publications/future-of-cities-urban-commons-and-public-spaces　Accessed on July 18, 2019

Bianchi, I. (2019) Urban Alternatives, to What Degree? parallelisms between commons and municipalism. https://www.researchgate.net/publication/332529029_Urban_alternatives_to_what_degree_Parallelisms_between_Commons_and_Municipalism　Accessed on September 15, 2019

Bloemen, S. and Hammerstein, D. (2015) Europe and the Commons: A Commons Approach to European Knowledge Policy http://commonsnetwork.eu/wp-content/uploads/2014/02/June17_The-EU-and-the-Commons-A-Commons-Approach-to-European-Knowledge-Policy-true-final.pdf　Accessed on July 18, 2019

Bookchin, D., Colau, A. and Barcelona En Comú, (2019) *Fearless Cities a guide to the global municipalist movement*, New Internationalist.

Bookchin, M. (1990) Remaking Society: pathways to a green future, South End Press　邦訳 (1996)『エコロジーと社会』藤堂麻理子・戸田清・萩原なつ子訳（白水社）

― (1998) *The Politics of Social Ecology: libertarian municipalism*, Montreal: Black Rose Books.

CrosoMazzuco, S (2016) Repurposing Underused Public Spaces into Urban Commons An active participatory urban regeneration model for Gospel Oak London, UK. https://www.iasc-commons.org/wp-content/uploads/2017/11/7G_Sofia-Mazzuco-1.pdf　Accessed on July 18, 2019

Fiona Williams, (2015) "Towards the Welfare Commons: Contestation, Critique and Criticality in Social Policy" in *Social Policy Review* 27: Analysis and Debate in Social Policy, Policy Press.

Hardt, M. and Negri, A. (2009) *Commonwealth*, Harvard University Press　邦訳水嶋一憲監訳・幾島幸子・古賀祥子訳『コモンウェルス〈帝国〉を超える革命論（上）（下）』NHKブックス (2013)

デビッド・ハーヴェイ（森田成也・大屋定晴・中村好孝・新井大輔訳）『反乱する都市　資本のアーバナイゼーションと都市の再創造』（作品社、2013）

Keith, M. & Calzada, I. (2018), Back to the 'Urban Commons'? amidst Social Innovation through New Co-operative Forms in Europe, Urban Transformations ESRC report on 12th February 2018 Workshop entitled 'Rethinking the Urban Commons in European City Regions'. https://www.urbantransformations.ox.ac.uk/blog/2018/back-to-the-urban-commons-social-innovation-through-new-co-operative-forms-in-europe/ Accessed on July 18, 2019

Kühne, J. (2017) Patterns of Commoning: Notable Urban Commons Around the World https://blog.p 2 pfoundation.net/patterns-commoning-notable-urban-commons-around-world/2017/02/21 Accessed on July 18, 2019

Mcguirk, J.（2015）Urban commons have radical potential—it's not just about community gardens, *The Guardian*, 15 Jun 2015. https://www.theguardian.com/cities/2015/jun/15/urban-common-radical-community-gardens Accessed on May 9, 2019

Ostrom, E.（1990）*Governing the Commons: the evolution of institutions for collective action*, Cambridge University Press.

Plunkett Foundation（2018）Community Pubs: A better form of business https://plunkett.co.uk/wp-content/uploads/Better-Business-2018-Pubs.pdf. Accessed on July 18, 2019

和文

宇沢弘文・茂木愛一郎編『社会的共通資本──コモンズと都市』（東京大学出版会、1994年）

草光俊雄・菅靖子『ヨーロッパの歴史Ⅱ─植物からみるヨーロッパの歴史─』（放送大学、2015年）

中野佳裕編訳『21世紀の豊かさ　経済を変え、真の民主主義を創るために』（コモンズ、2016年）

注

（1）「共」の捉え方は、ネグリとハート『コモンウェルス〈帝国〉を超える革命論（上）（下）』が参考になる。

（2）日本の市民農園は、都市の住民たちが趣味として野菜や花を栽培する小さな農園を指す。1990年代から広がり始めており、企業研修にも利用されるなど、市民農園は身近な存在になっている。

（3）コモンズは、コミュニティが管理する社会関係から成り立つ共有の資源とその枠組みで、それは資源というよりもむしろプロセスである（Bloemenand Hammerstein 2015: 4）。言うなれば、共有資産の責任を分かち合う社会関係のことである。「共」をつくり出す行為は、コモン化（commoning）と呼ばれることにも注目したい。

（4）『ヨーロッパの歴史Ⅱ』p.210を参照した。

（5）1970年代には、このパブは「パブ・ロック」というライブ活動の開催場所でもあった。有名ミュージシャンでは、ジェフ・ベックが演奏していた。About the Ivy House, https://www.ivyhousenunhead.com/about.php Accessed on September 5, 2019

（6）コミュニティ利益会社は2005年に認められた法的形態で、社会的企業のために特別に設けられたものである。その活動がコミュニティの利益に資するよう配慮されている。コミュニティ利益会社としての登録は「コミュニティ利益テス

ト」を受けることを条件としている。また「アセット・ロック（asset lock）」の条項があり、資産の散逸防止を狙いとしている。コミュニティ利益会社として登録するためには、監督官の承認が必要で、監督官には継続的な監視と執行の役割がある。コミュニティ利益会社をつなぎ、アドバイスを行う全国組織としてコミュニティ利益会社協会がある。山本隆編著『社会的企業論』法律文化社、2014年を参照のこと。

（7）エミリーさんは、湿地と洪水の問題に対応する生態学者として公共部門で働いている。彼女は、政策立案、パートナーシップ作業、外部資金提供の経験を持っている。前職として、金融サービス業界で働いていた。彼女は、仕事以外では、ロンドンの合唱団の仲間と、アイビーハウスで機会があればいつでも歌うことが大好きである。夫と若い息子と一緒にパブから3分のところに住んでいる。コリンさんは会計士の資格を持ち、現在プロフェッショナルサービス企業のプロジェクト管理に取り組んでいる。彼は8年間アイビーデール小学校の校長であり、いくつかの非営利団体の会計を担当している。About the Ivy Houseからの引用。

（8）仲間同士の生産（peer-to-peer production）という理念を強調するのは、ブロウメンとハマースタインである。The EU and the Commons: A Commons Approach to European Knowledge Policyを参照のこと。

（9）茶山台団地では集会所を活用したコミュニティ支援事業の拠点として茶山台としょかんが2015年11月に開館している。2016年5月からは野菜などの移動販売「ちゃやマルシェ」がスタートしており、コミュニティ開発が進んでいる。この動きの背景には、DIYリノベーションスクールの開催やDIYリノベーション住戸の賃貸募集、2住戸を合体させた「ニコイチ」の募集など、さまざまな団地再生プロジェクトが動いていたことがある。これらは大阪府住宅供給公社の発案と住民の努力の結晶である。参照資料「団地の一室に惣菜屋さん!? やまわけキッチンがつなぐ住民の絆」 http://suumo.jp/journal/2019/01/10/161553/ 検索日2019年7月27日

（10）https://www.facebook.com/itibatake/およびhttp://www.ichiba-kobe.gr.jp/ichiba05/index.php参照 検索日2019年9月4日。

（11）ミュニシパリズムの思想はマレー・ブクチンの影響を受けており、住民集会と草の根民主主義に基づいた新しい左派政治を構想している。ブクチンの政治思想は、『エコロジーと社会』に簡潔に示されている。伝統的マルクス主義から左翼リバタリアンへと転向しており、彼の理論はエコロジー運動とアナキスト運動の支柱になっている。ミュニシパリストが説くリバタリアン型自治体連合論は、直接民主主義による民衆集会を自治体・近隣・生活圏のレベルで行うという政治運動で、経済生活は地域に住む市民の民主的な管理の下に置かれる。それをブクチンは「経済の自治体化」と呼んでいる。民主化された自治体は、共通の地域問題を管理し、中央集権制、単一政体国家に対する対抗権力になり得るとしている。国民国家の失敗に対する積極的な代替手段を提供し、人権と人道的基

準を世界的に前進させながら、地方レベルで政治的統制を再センター化できるというのである。ただし最近では、ミュニシパリズムのアナーキー的な性格は弱まっており、「ニュー・ミュニシパリズム」を掲げ、環境とジェンダーを政策課題にして運動を強めている。Russell, B. and Reyes, O. (2017) Eight Lessons from Barcelona en Comú on how to Take Back Control, OpenDemocracy.net. Available online Russell, B. (2019) Beyond the Local Trap: new municipalism and the rise of the fearless cities. Available online

(12) ローカル・ガバナンス論は水平的側面を強調しすぎるあまり、国家権力と向き合うという側面は弱かった。例えばジェリー・ストーカーは権力論を軽視した議論をしがちで、本人も反省の弁を吐露している。Stoker, G. (2011) Was Local Governance such a Good Idea? aglobal comparative perspective. *Public Administration*, 89 (1), 15.31. http://doi.org/10.1111/j.1467-9299.2011.01900.x Accessed on August 5, 2017

おわりに

　新型コロナウイルスは弱い立場の人々に襲いかかっている。非正規雇用の労働者数は2,100万人ともいわれるが、その多くがコロナ禍の影響を受けて、仕事を失い、住まいも無くしている。行政もその対応に懸命であるが、すべて行き届いているわけではない。時が経過するとともに、厳しい雇用環境とセーフティネットの実態が徐々に明らかになっている。そのなかで、NPOや社会福祉協議会などが奮闘している。行先のない人たちに寄り添い、資源を活用して、希望を絶やさないように支援を続けている。今、公と民の連携と国の財政支援が不可欠になっている。この時代に、不安定な働き手や生活者への支援が最優先課題であるのは自明である。早い新型コロナの収束を願うばかりである。

　さて、本書は福祉社会デザイン論と題して、国家の見地からではなく、企業活動や市民社会活動を議論してきた。特に対象を都市にしぼり、都市機能おける経済・行政・文化芸術・雇用と福祉を講述した。福祉社会のトピックとして、広い視野から東京やロンドンの実相を伝えた。最後に、東京とロンドンや周辺都市に関する執筆者の思い出を語ってもらうことにした。

1．ノーザンプトンの思い出

　イギリスで社会的企業を本格的に調査したのは、2013年夏に訪れたノーザンプトンが初めてであった。夏季休暇ということもあり、ノーザンプトン大学の学生寮に数週間滞在した。現在はノーザンプトン駅前にキャンパスが移転しているが、当時のキャンパスは郊外型で周囲に何もなく、近くのパブしか覚えていない。しかし、調査の記憶は今でも忘れられないものばかりであった。同大学のクリス・ダーキン先生（当時）の紹介で、長期失業者などに就労支援を提供する社会的企業、スポーツ施設を経営する若者支援のチャリティ、行政から分離独立して公共サービスを提供する法人、日用品販売を行

う労働者協同組合、といった多様な社会的企業を訪れることができた。どれも印象に残る調査であった。初めてイギリスの社会的企業というものを理解できた、そんな思い出深い調査であった。

2．ロンドンの思い出

　ロンドンにはこれまでに10回以上訪れている。その中で今でも一番思い出に残っているのは、2010年の調査である。社会的企業の代表例とも言えるビッグイシューの本部に行くことができたのは、貴重な体験であった。また残念ながら閉店したが、フィフィティーンの予約を取るのに四苦八苦したのはよい思い出である。しかし、調査以上に思い出深いのは、関西学院大学人間福祉学部社会起業学科の学生（山本ゼミ生4人）とともに数日間行動したことであった。当時私は30代だったが、20歳の学生4人組が目を輝かせて動き回るエネルギッシュさに終始圧倒された。引率者に近い役割だったはずが、私の方が引率された気分であった。ロンドンはたしかに光と影がある。しかし、その歴史や文化は魅力に満ちあふれ、世界中のどの世代も楽しめるまちなのであろう。　　　　　　　　　　　　　　　　　　　　　　　　八木橋慶一

3．ダーラムの思い出

　ダーラムは、イングランド北部にあり、ロンドンから電車で3時間のところにある。私は大学1回生の時に、寮生活で約1年間過ごした。小都市であるが大聖堂や古城が残っており、歴史あるまちである。また、まちの中には小さな川が流れており、自然豊かなところである。冬のある日、私は40度近い熱を出し、病院に運ばれた。病院を出る時に治療費を支払おうとすると、It's freeと言われ、なぜ無料なのか理解できないまま病院を後にした。帰国して調べると、イギリスには国民保健サービス（National Health Service：NHS）という国営医療があり、基本的に医療は無料で提供されることがわかった。このように、国によって医療制度が異なることに初めて気づき、福祉制度にも興味を持ったことが、研究者の道を歩むきっかけとなっ

た。そう、ダーラムは映画『リトル・ダンサー』が舞台となったまちである。

4．東京の思い出

　私は、大学2〜4回生の時に、東京都多摩市に3年間住んでいた。出身は大阪府であり、東京での生活は初めてであった。多摩市は、緑が多く多摩川が流れ、自然豊かである。ハロー・キティで有名なサンリオ・ピューロランドも多摩市にあり、週末は多くの人々で賑わっていた。大学が休みの日は、友達と新宿や渋谷にも出かけたが、山手線は2〜3分に1本の電車が来るため、その早さに驚いた。駅名は、テレビやニュースで聞いたことがある駅ばかりで、「ここがそうなんだ」と興奮ぎみであった。新宿の高層ビル群も、上を見上げながら歩いた記憶がある。東京は日本の首都であり、政治・経済・文化などの中心であることを身をもって感じた。大学生の頃は、ディズニーランドに良く遊びに行ったものである。このように大都市は魔法のような魅力を放ち、人々を引きつける。一方、地方から人たちが黙々と働き続け、いつもテレビで品川駅にてマスクをしたサラリーマンの群像が映し出される。地震や天災からは無防備かもしれない。一部に治安の悪い地域もあるだろう。それらすべてがパックされた東京は巨人のような存在である。

正野　良幸

　以上のように、わたしたち執筆者全員は英国滞在を楽しんだ経験があり、常に日英の比較の視点から社会科学の研究を行っている。今、日本とイギリスは良好な関係にあり、ともに学ぶところが多い。本書をきっかけにして、日英比較研究に興味をもってくださることを願うばかりである。

　なお本書は、令和元年度〜3年度科学研究費助成事業（学術研究助成基金助成金）「英国の福祉改革『働くための福祉』に関する調査研究―自立と就労の理論化に向けて―」（課題番号19K02175）（研究代表 山本隆）による助成を受けたものである。

最後になったが、敬文堂社長竹内基雄様から、貴重な示唆と励ましを得た。ここに記して感謝を申し上げる。

　2020年11月29日

代表者山本隆と執筆者一同

186

執筆者紹介（執筆担当箇所）

山本　隆　（Ⅰ、Ⅱ補論、Ⅲ、Ⅳ、Ⅴ、Ⅵ）

関西学院大学人間福祉学部教授
専門：ローカル・ガバナンス論、福祉行財政論
主な業績
『イギリス福祉行財政　政府間関係の視点』（法律文化社、2003年）
『ローカル・ガバナンス　福祉政策と協治の戦略』（ミネルヴァ書房、2009年）
（編著）『社会的企業論　もうひとつの経済』（法律文化社、2014年）
『貧困ガバナンス論　日本と英国』（晃洋書房、2019年）

山本　惠子　（Ⅹ）

神奈川県立保健福祉大学保健福祉学部教授
専門：高齢者福祉論、国際福祉論
主な業績
『行財政からみた高齢者福祉　措置制度から介護保険へ』（法律文化社、2002年）
『英国高齢者福祉政策研究　福祉の市場化を乗り越えて』（法律文化社、2016年）
（編著）『貧困プログラム　行財政計画の視点から』（関西学院大学出版会、2019年）

八木橋慶一　（Ⅶ、Ⅷ、Ⅸ）

高崎経済大学地域政策学部准教授
専門：社会的企業論、ローカル・ガバナンス論
主な業績
「NPOと自治体の空き家対策事業―高崎市「地域サロン改修助成金」を例として―」高崎経済大学地域科学研究所編『空き家問題の背景と対策―未利用不動産の有効活用』（日本経済評論社、2019年）
「イギリスにおける社会的企業振興策と「ビッグ・ソサエティ」についての一考察」『産業研究』第55巻第1・2号（高崎経済大学地域科学研究所、2020年）
「地域福祉における「終活」支援と行政の役割―横須賀市の事例から―」『地域政策研究』第22巻第4号（高崎経済大学地域政策学会、2020年）

正野　良幸　（Ⅱ）

京都女子大学家政学部講師
専門：高齢者福祉論、貧困地域再生問題
主な業績
「LAAを通じた地域再生への取り組み；ニューアムの場合」『賃金と社会保障』（旬報社、2007年）
「イギリスの高齢者ケア政策　―コミュニティケア改革のその後・シェフィールドを中心として」同朋大学論叢（同朋学会）第94号（2010年）
「英国の高齢者ケア・最新情報」『地域福祉情報』第11号（ジャパン通信社、2014年）

福祉社会デザイン論　日英の都市

2021年3月20日　初版第1刷発行

共著者　　　山　本　　　　隆
　　　　　　山　本　惠　　子
　　　　　　八　木　橋　慶　一
　　　　　　正　野　良　幸

発行者　　　竹　内　基　雄

発行所　　　株式会社　敬　文　堂

©2021, Takashi YAMAMOTO
　　　Keiko YAMAMOTO
　　　Keiichi YAGIHASHI
　　　Yoshiyuki SHONO

東京都新宿区早稲田鶴巻町538
東京(03)3203-6161代)　FAX(03)3204-0161
振替 00130-0-23737
http://www.keibundo.com
　　　　　　Printed in Japan

印刷・製本／信毎書籍印刷（株）　カバー装丁／リリーフ・システムズ
落丁・乱丁本は、お取替えいたします。
定価はカバーに表示してあります。
ISBN978-4-7670-0244-6 C3036